一本书读懂
人力资源
法律风险

HR LAW

高明 著

中华工商联合出版社

图书在版编目（CIP）数据

一本书读懂人力资源法律风险 / 高明著. -- 北京：中华工商联合出版社，2023.9
ISBN 978-7-5158-3751-2

Ⅰ.①一… Ⅱ.①高… Ⅲ.①人力资源管理－劳动法－基本知识－中国 Ⅳ.①D922.504

中国国家版本馆CIP数据核字（2023）第162095号

一本书读懂人力资源法律风险

作　　　者：	高　明
出 品 人：	刘　刚
图 书 策 划：	蓝色畅想
责 任 编 辑：	吴建新　关山美
装 帧 设 计：	胡椒书衣
责 任 审 读：	付德华
责 任 印 制：	陈德松
出 版 发 行：	中华工商联合出版社有限责任公司
印　　　刷：	凯德印刷（天津）有限公司
版　　　次：	2023年9月第1版
印　　　次：	2023年9月第1次印刷
开　　　本：	710mm×1000mm　1/16
字　　　数：	200千字
印　　　张：	14.75
书　　　号：	ISBN 978-7-5158-3751-2
定　　　价：	56.00元

服务热线：010-58301130-0（前台）

销售热线：010-58302977（网店部）
　　　　　010-58302166（门店部）
　　　　　010-58302837（馆配部、新媒体部）
　　　　　010-58302813（团购部）

地址邮编：北京市西城区西环广场A座
　　　　　19-20层，100044

http://www.chgscbs.cn

投稿热线：010-58302907（总编室）

投稿邮箱：1621239583@qq.com

工商联版图书
版权所有　盗版必究

凡本社图书出现印装质量问题，
请与印务部联系。

联系电话：010-58302915

前　言

对于企业来说，人力资源管理是内部管理中非常重要的内容。在这个过程中，企业管理者和人力资源部门需要制订科学合理的人力资源战略，做好招聘与选拔、培训与开发、绩效管理、薪酬管理、员工流动管理，以及员工激励与权益保障等相关工作。

同时，作为企业的管理者和人力资源负责人，想要合法且高效地进行人力资源管理，就必须提高法律风险意识，对管理中存在的法律风险进行防控。因为在人力资源管理流程中，从员工招聘到离职，从用工管理到解除劳动合同等各种环节都可能产生各样各样的劳动纠纷。如果风险防控得好，便能减少不良影响，促进企业稳步发展；相反，如果防控不好，则会给企业带来损失和不良影响，阻碍企业的发展步伐。

事实上，现实生活中有不少企业因为缺乏法律意识，没有做好人力资源法律风险防控，导致产生了劳动纠纷。比如，在招聘环节，招聘信息或面试沟通中存在就业歧视；订立劳动合同时，合同中存在侵害员工合法权益的无效条款；不及时足额发放员工工资；单方面与员工解除劳动合同等。

为帮助企业管理者和人力资源负责人提高法律风险管理水平，有效规避人力资源管理过程中的法律问题，本书从用工管理的风险预防和管控方面出发，全面讲述了建立和谐合法的劳动关系、做好在职员工风险防范，以及在不小心违反法律法规后正确地处理问题、化解劳动争议的方式方法。同时，本书结合了大量劳动争议案例和相关法律法规条文，给出了各个阶段法律风险防控的注意事项、操作步骤等，希望能为企业管理者和人力资源负责人规范部门运作、正确处理劳动关系问题提供指导和帮助。

最后，希望所有读者能从本书中获益，切实提高自己的法律风险识别和防范能力。

目　录

第一章　招聘录用：从源头做好风险防控

第 1 节　招聘时的告知和保密义务 /2

第 2 节　小心就业歧视的风险 /5

第 3 节　个人信息≠个人隐私 /8

第 4 节　招聘广告中存在的风险 /10

第 5 节　背景调查的注意事项 /14

第 6 节　发了 Offer，可以撤销吗 /18

第 7 节　规范录用和入职管理 /21

第二章　入职与培训：建立和谐规范的劳动关系

第 1 节　入职登记表的细节问题 /28

第 2 节　劳动合同的两类条款 /31

第 3 节　谨防劳动合同无效 /35

第 4 节　灵活约定劳动合同 /37

第 5 节　劳动合同变更的风险 /41

第 6 节　延长试用期的风险 /44

第 7 节　保密协议与竞业限制协议 /46

第 8 节　培训服务期协议的风险 /50

第三章　工时与休假：规范工作时间和假期管理

第1节　标准工时制度 /56

第2节　不定时工作制 /59

第3节　合理安排加班 /62

第4节　综合计算工时工作制 /65

第5节　正确处理员工的病假 /68

第6节　正确处理员工的婚丧假 /71

第7节　合理安排员工的年休假 /73

第四章　薪酬福利：兼顾员工和企业的重要工具

第1节　选择合适的薪资结构 /78

第2节　合法发放员工工资 /81

第3节　注意年薪制的纠纷 /84

第4节　不可随意调岗、降薪 /87

第5节　合理发放年终奖 /90

第6节　合法发放福利津贴 /93

第7节　扣罚工资的处理 /96

第五章 保险福利：做好保险也做好防范

第 1 节 试用期也应缴纳社保 /102

第 2 节 及时足额缴纳社保 /104

第 3 节 养老保险与退休 /107

第 4 节 不可不上的医疗保险 /110

第 5 节 失业保险金的缴纳和领取 /114

第 6 节 生育保险的缴纳 /117

第 7 节 工伤保险与工伤认定 /119

第 8 节 工伤私了，风险不小 /123

第六章 绩效管理：采用科学合法的考核制度

第 1 节 绩效制度要合法合规 /128

第 2 节 绩效考核指标要合理 /131

第 3 节 考核结果需员工确认 /135

第 4 节 末位淘汰，务必慎用 /138

第 5 节 "不能胜任工作"的认定 /140

第 6 节 试用期考核不合格的合规运用 /144

第七章 特殊员工：做好特殊问题的处理

第 1 节 "三期"女职工的权益 /148

第 2 节 医疗期的时间规定 /152

第 3 节 未成年工需要特殊保护 /156

第 4 节 聘用外籍员工的条件 /159

第 5 节 非全日制用工的风险管理 /163

第 6 节 劳务派遣人员的风险管理 /166

第 7 节 退休人员返聘的风险管理 /170

第八章 离职与裁员：消除人才流动的潜在风险

第 1 节 协商一致解除劳动合同 /176

第 2 节 员工主动离职的注意事项 /179

第 3 节 劳动合同终止的注意事项 /182

第 4 节 试用期解雇员工的条件 /185

第 5 节 过失性辞退员工的条件 /188

第 6 节 经济性裁员的条件和程序 /191

第 7 节 "三金"的处理 /196

第九章　劳动争议：劳动关系危机的处置与应对

第 1 节　如何界定劳动争议 /202

第 2 节　协商调解——处理劳动争议的第一步 /205

第 3 节　劳动仲裁——处理劳动争议的第二步 /208

第 4 节　诉讼——处理劳动争议的第三步 /212

第 5 节　劳动争议的举证与质证 /214

第 6 节　员工过激维权与过度维权的处理 /218

第 7 节　集体合同争议的处理 /221

第一章

招聘录用：从源头做好风险防控

  人才招聘录用，是企业人力资源管理的重要环节。如果企业对这一环节不重视，或者没有法律风险防范意识，便会产生相应的法律风险。因此，企业管理者和人力资源负责人应该从义务履行、信息发布、背景调查、规范录用等方面加强风险防范，将风险消灭在源头。

第1节　招聘时的告知和保密义务

在招聘中，企业是占据主动地位的。不过，权利与义务是共存的，作为用人单位，企业也需要履行一些义务，其中最主要的是以下两项，如图1-1所示。

告知义务 ← 主要义务 → 保密义务

图 1-1　企业招聘时的两项主要义务

告知义务，就是企业有义务将企业相关情况如实地告知求职者，包括工作内容、工作条件、工作地点、职业危害、安全生产状况、劳动报酬，以及求职者要求了解的其他情况，比如考勤制度、休假制度、请假制度等。

保密义务，就是企业有义务对求职者的相关信息进行保密，不得向外泄露，包括个人生活信息、工作信息、劳动技术信息等。如果企业要向其他企业或招聘平台提供求职者的信息，必须经过其本人书面同意。企业管理者和人力资源部门在招聘过程中如果不能履行以上义务，便涉嫌侵犯求职者的合法权益，可能面临相应的法律风险。

言真是某大学的应届毕业生，专业成绩优异，获得了某公司的面试机会。面试时，言真表现良好，对面试官的问题对答如流，也表现出极好的专业素养。回答完所有问题后，言真也向面试官提出几个问题，包括该公司的业务情况、办公条件、薪酬待遇、重大规划等，当问到自己在这个职位上有多大发展前景、将得到哪些支持时，面试官却面露难色。

面试官表示："你现在连面试都没过，就问这些问题，是不是有些不合适？而且，公司重大规划之类的问题，恐怕不是你应该关心的问题吧……"最后，面试官只是象征性地回答了业务情况、办公条件等问题，就草草结束了面试。言真心里有些疑惑：这些信息难道不是企业应该主动告知的吗？不了解企业发展规划，不知道个人职业未来有什么挑战和助力，员工又如何做出出色成绩并促进企业发展呢？于是，言真将该公司拉入"黑名单"，视为不考虑的就职单位。

接着，言真继续面试，寻找合适的机会，没想到，之后她接连接到一些企业、招聘网站的电话，甚至接到各种各样的推销骚扰电话。对方不仅知道言真的名字，还可以准确说出她的学校、学历等信息。经了解，原来上次面试的公司将言真的个人信息提供给其他公司和招聘网站，而一些公司又将这些信息（不只是言真的个人信息，还包括更多人才信息）挂到网上售卖。

显然，案例中该公司未能履行告知义务和保密义务，侵犯了言真的合法权益。

我们需要明确一点：面试官应当在招聘时向求职者告知企业的相关信息，不管求职者是否提出获知要求。如果企业不能履行告知义务，使得求职者不能了解企业的相关情况，那就可能会影响企业的信誉；如果企业不履行告知义务，导致求职者做出错误的决定而签订劳动合同，那么企业还可能涉嫌欺诈。

另外，该公司未经言真同意，就泄露和出卖其个人信息，导致其个人生活被骚扰，对其合法权益造成了损害。如果言真诉诸法律，那么该公司可能就要做出经济赔偿。

所以，企业应当履行告知义务和保密义务，将法律风险扼杀在摇篮中。

> **法条链接**
>
> **1.《中华人民共和国劳动合同法》**
>
> 第八条　用人单位招用劳动者时，应当如实告知劳动者工作内容、工作条件、工作地点、职业危害、安全生产状况、劳动报酬，以及劳动者要求了解的其他情况；用人单位有权了解劳动者与劳动合同直接相关的基本情况，劳动者应当如实说明。
>
> **2.《就业服务与就业管理规定》**
>
> 第十三条　用人单位应当对劳动者的个人资料予以保密。公开劳动者的个人资料信息和使用劳动者的技术、智力成果，须经劳动者本人书面同意。

第2节　小心就业歧视的风险

作为招聘人员，你是否经常为企业发布招聘要求、面试应聘者？其实，在员工的招聘录用与日常工作中潜藏着一些就业歧视方面的法律风险，企业一旦操作不当，就会造成经济与名誉上的损失。

什么是就业歧视？就业歧视就是没有法律依据的，基于种族、肤色、宗教、政治见解、民族、出身、性别、户籍、健康状况、年龄、身高、语言等原因，对劳动者采取的区别对待、排斥或给予额外优惠等违反平等权的措施。就业歧视，侵害了劳动者的合法权益，违反了法律规定，所以企业在招聘环节应当做好风险防范，注意自身是否有涉嫌就业歧视的行为。

案例一：李菲今年31岁，毕业于一所大学的工商管理专业，两年前因为生育、带娃离开职场，现在重新步入职场，准备成就一番事业。投递简历后，李菲接到一家规模不小的连锁酒店某分店经理的面试通知，而且她对这个岗位也非常感兴趣。面试时，双方交谈非常融洽，可当对方得知李菲当了两年全职妈妈，孩子尚小时，面试官态度冷淡下来，谈及"我们倾向于录用男性""你是否能平衡家庭和工作""是否有老人帮你带孩子"等话题，然后就让她回去等通知了。之后，这件事就没有下文了。

案例二：李强是一名乙肝病毒携带者，在求职过程中屡屡受阻。他原本是一名快递员，可意外成为携带者之后，应聘保安、工厂工人、外卖员等岗位时，都注意到招聘信息中注明了"乙肝病毒携带者不要"之类的要求。

显然，以上企业的行为，已经违反了我国相关法律的规定，属于就业歧视。随着劳动者维权意识的提高，网络媒体、自媒体的蓬勃发展，就业歧视很可能引起非常大的用工风险。因此，企业尤其是人力资源部门，应该对就业歧视方面的法律风险高度重视，进行有效的风险防范。具体要在以下几个方面注意，如图1-2所示。

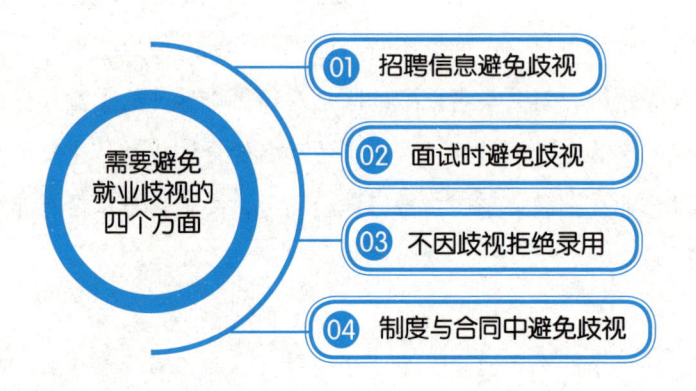

图 1-2 需要避免就业歧视的四个方面

1.避免常见的带有就业歧视的招聘信息，比如男性优先、30岁以内优先、身高要求、地域要求等。

2.面试时避免使用带有歧视性的问题和言论。

3.拒绝录用时不能以性别、民族、婚姻生育状况等为原因，包括书面、电子邮件和口头告知时都应该注意。

4.企业规章制度和劳动合同中不能出现涉嫌就业歧视的规定和约定。

⚖ 法条链接

1.《就业服务与就业管理规定》

第四条　劳动者依法享有平等就业的权利。劳动者就业，不因民族、种族、性别、宗教信仰等不同而受歧视。

第十六条　用人单位在招用人员时，除国家规定的不适合妇女从事的工种或者岗位外，不得以性别为由拒绝录用妇女或者提高对妇女的录用标准。

用人单位录用女职工，不得在劳动合同中规定限制女职工结婚、生育的内容。

第十九条　用人单位招用人员，不得以是传染病病原携带者为由拒绝录用。但是，经医学鉴定传染病病原携带者在治愈前或者排除传染嫌疑前，不得从事法律、行政法规和国务院卫生行政部门规定禁止从事的易使传染病扩散的工作。

用人单位招用人员，除国家法律、行政法规和国务院卫生行政部门规定禁止乙肝病原携带者从事的工作外，不得强行将乙肝病毒血清学指标作为体检标准。

2.《中华人民共和国劳动法》

第十二条　劳动者就业，不因民族、种族、性别、宗教信仰不同而受歧视。

第十三条　妇女享有与男子平等的就业权利。在录用职工时，除国家规定的不适合妇女的工种或者岗位外，不得以性别为由拒绝录用妇女或者提高对妇女的录用标准。

第3节　个人信息≠个人隐私

招聘过程中，企业一般需要求职者填写个人信息，包括姓名、年龄、身份证号、出生日期、民族、籍贯、受教育情况、政治面貌、专业技术职务、工作经历等与工作有直接关系的项目。

可是，一些企业却要求求职者填写过分详细的信息内容，这部分信息基本上都是一些与工作无直接关系的个人信息，甚至是涉及隐私的相关内容。这种情况下，企业是否涉嫌违法？是否存在侵犯个人隐私的法律风险呢？

求职者余玲前往一家广告公司应聘，被要求填写一份《应聘人员登记表》，除了需要填写姓名、出生日期、性别、身份证号、现住址、家庭成员、工作经历等基本信息外，还需要填写家庭成员的姓名、身份证号、工作单位、职务等信息。"个人信息备注"一栏中，包含"有无犯罪记录""有无疾病"的选项。同时，"家庭成员"一栏中，标注至少填写两人，除了父母，还需要填写兄弟姐妹的信息。若是应聘者结婚了，还要填写配偶父母的相关信息。在"家庭情况"一栏，包含单亲、残疾、贫困家庭等选项。还有一栏注明"本人承诺以上情况属实，如有隐瞒或虚报，愿意接受无偿立即解雇处分"，并需应聘者签字。

余玲看着这份《应聘人员登记表》皱起了眉，只是填写了个人基本信息，并未填写其他内容。当她提交登记表时，该公司招聘人员却表示："您必须将所有信息填写完整，这是我们公司的要求。"余玲质疑道："那些信息和工作没关系，我为什么一定要填？"招聘人员说："这些信息非常重要，如果您拒绝填写，我们可能无法为您安排面试，不好意思。"

  余玲非常气愤，将这件事发到网上，并且提出质疑："这难道不是侵犯个人隐私吗？"一时间，事件迅速发酵，不仅该公司被网友批评，关于个人信息保护和个人隐私泄露等话题也被热议。

  尽管企业有权了解求职者的个人信息，求职者也有如实告知的义务，但是案例中广告公司的招聘人员要求求职者所填写的信息，包括婚恋状况、生育状况、是否单亲、是否有犯罪记录等，都属于个人隐私，并不属于求职者必须告知的内容。如果该公司强行要求求职者填写，便涉嫌侵犯其个人隐私了。如果求职者自愿填写，而该公司擅自向其他企业或个人泄露以上信息，也可能面临侵权诉讼的风险。

  当然，如果企业因工作需要而要求求职者填写家庭成员信息，以便存档或紧急情况下联系使用，并没有通过公布、宣告等方式为大众所知晓，那么这种行为是不涉嫌侵犯隐私的。

  总之，企业管理者和招聘人员需要增强法律意识，进行应聘信息登记时，要求求职者填写和本人工作有直接关系的信息便可以了；切勿强行要求其填写过分详细的个人信息，尤其是特殊信息。同时，求职者如果未被录用，企业应当自动销毁这些登记信息，或者返还给求职者。如求职者事先告知不能泄露，或者按相关法律规定不能泄露，企业应当尊重对方的合法权利。这样，企业才能规避法律风险，避免给自身带来法律纠纷等不必要的麻烦。

> ## ⚖ 法条链接
>
> 《中华人民共和国民法典》
>
> **第九百九十条** 人格权是民事主体享有的生命权、身体权、健康权、姓名权、名称权、肖像权、名誉权、荣誉权、隐私权等权利。
>
> 除前款规定的人格权外，自然人享有基于人身自由、人格尊严产生的其他人格权益。
>
> **第九百九十一条** 民事主体的人格权受法律保护，任何组织或者个人不得侵害。

第4节 招聘广告中存在的风险

招聘广告是企业发布的，目的就是向求职者说明岗位要求，吸引人才的注意力。不过，招聘广告不合规，招聘信息发布不当，也可能给企业带来或多或少的法律风险。

案例一：某公司曾在其官方微博上发布招聘广告，文案中有"入职就有车、有房、有高薪，肯定有美女帅哥追"这样的信息内容。之后该公司因为招聘广告"违背社会良好风尚"，被市场监督管理局罚款40万元。

案例二：某企业在招聘网站发布了一则招聘广告：招聘市场部员工，月薪上万；有五险一金、带薪年假、国内旅游等福利待遇；试用期一个月，试用期过后签订劳动合同。

一些求职者看到招聘广告后前去应聘，经过为期一周的培训后，被要求签订为期一年的《市场推广代表合作协议》。试用期后，该企业与新员工签订的劳动合同却与招聘信息不符：岗位实际工资为4000元/月，再根据个人业绩进行提成；承诺的五险一金，只有三险，无公积金；试用期变为三个月。

为此，一些求职者向劳动监察大队进行投诉，同时向当地劳动争议仲裁委员会申请仲裁，要求该企业按照约定支付工资、提供承诺的福利待遇。经劳动监察大队和仲裁委员会调解，该企业向求职者支付相应经济补偿，并受到罚款处罚。

招聘广告做得好，应聘者应邀而至，招聘广告做不好，法律风险就会找上门。从法律层面来说，案例一中的公司虽未违法，但是违规了。倘若公司不提升法律意识，文案内容"低俗""打擦边球"，就可能因为发布涉嫌违法的广告而承担法律责任。而案例二中，该企业已经涉嫌发布虚假招聘广告了，这种行为是法律规定明令禁止的。该企业在招聘广告中对劳动报酬约定不明确，同时虚假承诺薪资待遇，虚报试用期时间，这些行为都侵犯了求职者的合法权益，应当承担赔偿责任。

当然，招聘广告中存在的法律风险不止以上两种，企业拟定招聘广告时，应该注意以下几种法律风险，如图1-3所示。

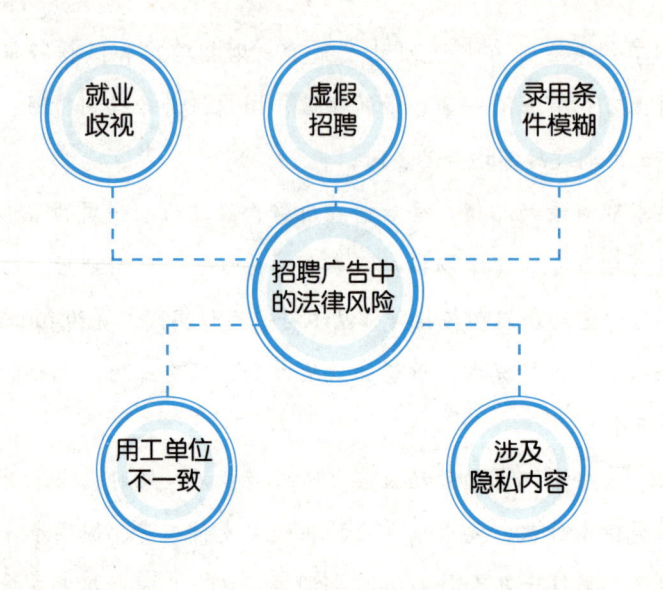

图 1-3　招聘广告的五种法律风险

1.招聘条件中涉及就业歧视。

在招聘条件中涉及就业歧视，企业必然面临较大的法律风险，所以应当避免涉及年龄、性别、地域、婚姻状况、宗教等歧视。这一点我们前面已经详细讲过，这里不再多说了。

2.虚假招聘。

虚假招聘就是企业谎报招聘信息或虚设岗位，只收简历不面试，或者面试只走过场，并不是真招聘的行为。这一类招聘广告提供的岗位，薪水高、福利好、专业契合，然而企业与求职者签订劳动合同时的岗位却与广告宣传的不一致。一旦求职者提出质疑，企业便以临时调整为由推脱。事实上，这种行为可能使企业面临损害赔偿、劳动合同无效、诉讼纠纷等法律风险。

3.录用条件模糊。

录用条件是决定企业是否正式录用求职者的重要标准，同时也是企业合法与员工解除劳动关系的重要依据。如果录用条件模糊，比如使用"一切服从企业安排""较高工作积极性"等说辞，一旦员工不符合录用条件，而企业又拿不出合理合法的证据证明员工不符合录用条件，解除劳动合同时，就可能面临违法解除劳动合同的风险。

因此，在招聘广告中，企业管理者或人力资源部门一定要针对不同岗位需求，将录用标准明确化、具体化，最好把专业技能、工作责任、工作能力、业绩考核等要素详细地描述出来。

4.招聘单位与实际用工单位不一致。

招聘广告中，招聘单位基本情况必须真实，招聘单位应当与实际用工单位一致，避免出现集团公司将录用员工分配到下属公司的情况。

5.招聘广告中出现涉及隐私的内容，比如与家庭状况、财产状况、恋爱状况等相关的内容。

法条链接

1.《就业服务与就业管理规定》

第十四条　用人单位招用人员不得有下列行为：

（一）提供虚假招聘信息，发布虚假招聘广告；

（二）扣押被录用人员的居民身份证和其他证件；

（三）以担保或者其他名义向劳动者收取财物；

（四）招用未满16周岁的未成年人以及国家法律、行政法规规定不得招用的其他人员；

（五）招用无合法身份证件的人员；

（六）以招用人员为名牟取不正当利益或进行其他违法活动。

第六十七条 用人单位违反本规定第十四条第（二）、（三）项规定的，按照劳动合同法第八十四条的规定予以处罚；用人单位违反第十四条第（四）项规定的，按照国家禁止使用童工和其他有关法律、法规的规定予以处罚。用人单位违反第十四条第（一）、（五）、（六）项规定的，由劳动保障行政部门责令改正，并可处以一千元以下的罚款；对当事人造成损害的，应当承担赔偿责任。

2.《人力资源市场暂行条例》

第二十四条 用人单位发布或者向人力资源服务机构提供的单位基本情况、招聘人数、招聘条件、工作内容、工作地点、基本劳动报酬等招聘信息，应当真实、合法，不得含有民族、种族、性别、宗教信仰等方面的歧视性内容。

第5节 背景调查的注意事项

面试后，企业在审核求职者是否符合录用条件时，需要对求职者进行背景调查。背景调查的目的是做到知己知彼，防止不合格员工进入公司，产生不必要的管理风险和法律风险。

背景调查，一般包括以下具体内容：个人基本信息，包括以前的职务、工作时间、工作职责、工作能力与业绩等；个性特征，与以前的下属人员、同事、上司之间的关系，有无违纪，与以前的公司有无劳动纠纷情况等；劳动关系是否解除，有无签订竞业限制协议等；离职原因、薪资待遇等；简历内容是否真实。

对于企业来说，背景调查是必须的，只有充分、准确、合法地对求职者的相关信息进行核查，才能将法律风险控制在签订劳动合同之前。在实际操作中，背景调查有以下几个注意事项，如图1-4所示。

背景调查的注意事项：
- 01 获得求职者的合法授权
- 02 调查范围要合法
- 03 委托第三方要签协议
- 04 向原公司保密
- 05 要调查限制期
- 06 妥善保管调查报告

图1-4 背景调查的注意事项

1.背景调查必须获得求职者的合法授权。

背景调查必须合法合规，获得被调查者的授权。也就是说，如果企业需要对求职者进行背景调查，就应该在《应聘人员求职登记表》中注明"本公司对应聘人员的工作经历、学历等有权进行调查"，然后让求职者签字同意，或者让其签订《背景调查承诺书》。

2.背景调查必须在合法范围内。

背景调查必须依法进行，内容应当为与劳动合同直接相关的信息，不能过分地探究被调查者的隐私信息。比如，不应该向原单位询问其是否得罪过领导，是否结婚生子等。

某金融公司收到一位求职者赵鹏的简历，经过层层面试，人力资源经理认为赵鹏各方面能力比较强，符合投资经理职位的岗位要求。发出录用通知之前，人力资源经理征求赵鹏同意后，对其进行背景调查。

因为该公司人力资源经理与赵鹏原公司的人力资源经理相熟，于是与赵鹏提供的联系人进行沟通，了解其身份信息、工作履历、工作能力等信息后，又私下向其原公司人力资源经理打听了一些信息。这些信息包括赵鹏未授权的调查内容，如情感经历、有无重大过错、人品德行等。得知赵鹏曾与某位下属暧昧不清，导致妻子大闹公司后，该公司直接将其淘汰出局。机缘巧合下，赵鹏事后知晓了这件事，于是以该公司侵犯自己的个人隐私为由将其告上法庭。

案例中，这家金融公司人力资源经理的做法是不合法、不合理的。一是调查内容不合法，私下调查赵鹏未授权的内容；二是侵犯赵鹏个人隐私，构成侵权行为。这两点都为纠纷埋下了伏笔，加大了企业用工的法律风险。

3.委托猎头公司等第三方进行调查时，应当与其签订相关协议，约定双方的权利与义务，以及一些具体行为要求，避免第三方操作不规范带来的法律风险或诉讼纠纷。

4.对尚未完全离职的求职者进行背景调查时，应注意为其保密，要格外慎重。

5.要调查求职者是否属于限制期员工。

限制期员工，就是受原公司竞业限制约束的员工。企业如果不能及时进行背景调查，或者背景调查时忽视这一问题，很可能给自身带来潜在的法律风险。

北京某公司通过猎头找到一位公司急需的高精尖人才张腾飞，因为害怕错过人才，迅速与其签订了劳动合同。三个月后，该公司收到张鹏飞原公司的律师函，原公司表示张腾飞与其签订了为期两年的竞业限制协议，但辞职不满半年就与其他公司（存在竞争关系）签订劳动合同，违反了竞业限制协议的规定。原公司对张腾飞提起诉讼，并要求某公司承担连带责任，两者共同承担赔偿责任。

案例中，该公司明知道张腾飞为高精尖人才，且曾经在有竞争关系的公司任职，却没有进行背景调查，显然是非常轻率的，也让自身付出了代价。

6.妥善保管背调报告，避免求职者信息泄露。

法条链接

1.《中华人民共和国民法典》

第一千零三十二条　自然人享有隐私权。任何组织或者个人不得以刺探、侵扰、泄露、公开等方式侵害他人的隐私权。

隐私是自然人的私人生活安宁和不愿为他人知晓的私密空间、私密活动、私密信息。

> **2.《中华人民共和国劳动合同法》**
>
> **第二十三条** 用人单位与劳动者可以在劳动合同中约定保守用人单位的商业秘密和与知识产权相关的保密事项。
>
> 对负有保密义务的劳动者,用人单位可以在劳动合同或者保密协议中与劳动者约定竞业限制条款,并约定在解除或者终止劳动合同后,在竞业限制期限内按月给予劳动者经济补偿。劳动者违反竞业限制约定的,应当按照约定向用人单位支付违约金。

第6节　发了Offer,可以撤销吗

企业向求职者发出录用通知书,也就是我们所说的Offer,便代表向求职者发出了要约。那么,如果岗位临时变动,或者企业找到了更合适的人选,是否能撤销Offer或直接不予录用呢?

一些企业管理者或招聘人员认为这是可行的,因为Offer不是劳动合同,撤回也不需要承担法律责任。可事实上,这种想法是错误的。严格来说,Offer是一种希望与他人订立合同的意思表示,具有法律效力。根据《民法典》相关规定,要约人作出承诺,要约到达受要约人时立即生效,此时要约人就要受到要约的相关约束。

王华是某家科技公司的项目经理,工作表现突出,在业内已有一定的知名度。但是,他一直希望个人事业能有所突破,于是向行业内某顶尖公司投递了简历。经过几轮面试,该公司对王华很满意,并很快通过

电子邮件向他发了录用通知书，通知他已经被录用，工作岗位为项目经理，并标明了薪资待遇、报到时间等内容。

拿到Offer后，王华立即用电子邮件回复，表示将在规定日期前去报到。随后，王华从原公司辞职，办理了离职手续，并积极准备去新公司报到的事宜。没想到，临近约定的报到时间时，王华却接到该公司人力资源部门的电话通知，表示由于该公司人力资源调整，项目经理岗位暂无空缺，将撤销对他的录用。

王华感到吃惊和愤怒：原来的工作已经辞去，新工作又成了泡影，自己岂不是"赔了夫人又折兵"？于是，王华致电该公司人力资源部门，希望该公司能如约提供岗位，或者赔偿自己的经济损失（月工资的三倍）。该公司人力资源部门则表示："我们公司并没有正式录用您，双方也尚未签订劳动合同。之前的录用通知并无约束力，不需要向您支付赔偿。"

一气之下，王华向当地劳动争议仲裁委员会申请仲裁。经审理，仲裁委员会认为该公司行为违反了《劳动合同法》，且违背了诚实守信的原则，应当依法履行要约或者承担赔偿责任，最后判定该公司赔偿王华工资收入损失15000元。

企业管理者或人力资源部门给求职者发出Offer又撤销反悔的情况并不少见，可事实上，这存在着一定的法律风险。录用通知书并不等同于合同，却是企业向求职者发出的愿意与其订立合同的意思表示。案例中，该公司向王华发出了录用通知书，明确了工作岗位、工资标准、报到时间等内容，显然是符合要约特征的。王华收到录用通知书并向该公司回复后，这份建立劳动关系的要约便生效了，对于当事人双方来说都具有法律效力。

根据《民法典》规定，撤销要约的通知应当在受要约人发出承诺通知之前到达受要约人。如果要约人确定了承诺期限，或者以其他形式明示要约不得撤销；受要约人有理由认为要约是不可撤销的，并已经为履行合同做了准备工作，那么要约不得撤销。案例中，该公司是在王华表示愿意前去报到之后发出撤销通知的，且王华已经辞去原工作，并为履行要约做了一些准备工作。因此，该公司不可以撤销这一份Offer，既然选择了撤销，就应当为违约行为承担缔约过失责任。

综上所述，我们再次提醒企业管理者和人力资源部门注意以下几点，如图1-5所示。

图1-5 发送Offer的四个要点

1.发送Offer要谨慎，必须确定录用后才能发出。

2.要约的事项要与将要签订的劳动合同项目相匹配，要约内容必须具体、确定，包括关键的录用条件、薪酬待遇等条款，且清楚无歧义。

3.Offer要有期限限制，劳动合同期限也要做出说明。

4.合法合规地进行操作，降低缔约过失责任的风险。

⚖ 法条链接

《中华人民共和国民法典》

第四百七十二条　要约是希望与他人订立合同的意思表示，该意思表示应当符合下列条件：

（一）内容具体确定；

（二）表明经受要约人承诺，要约人即受该意思表示约束。

第四百七十六条　要约可以撤销，但是有下列情形之一的除外：

（一）要约人以确定承诺期限或者其他形式明示要约不可撤销；

（二）受要约人有理由认为要约是不可撤销的，并已经为履行合同做了合理准备工作。

第7节　规范录用和入职管理

一般来说，企业招聘、录用新员工的流程大致是：发布招聘信息—审核简历—面试—背景调查—确定录用—发Offer—办理入职手续。

企业在招聘新员工时，应该按照相关法律法规录用，并做好入职相关工作的管理。若是存在违规录用或者违法操作的情况，企业不仅会承受经济损失，还可能承担刑事责任。

现实生活中，很多人抱着"骑驴找马"的心态，尚未与原公司解除劳动合同便找新的工作，当接到新公司Offer时，谎称已经与原公司解除劳动合同。这个时候，新公司如果信以为真，不做背景调查，也不要求求职者出示离职证明，或者明知求职者有说谎的可能性，仍选择违规录用，便会遭遇一些不必要的麻烦和纠纷。

某公司管理者通过层层面试考试，认为一名应聘者业务能力强、面试表现优异，于是给其发了Offer。应聘者回复时表示需要三天时间与原公司办理离职手续，三天后可以正式入职。该公司人力资源部门表示同意，并在应聘者到公司报到时，为其办理了入职手续。入职手续办理完毕后，人力资源部门也并未要求应聘者出示离职证明。

几个月后，该应聘者原公司向当地劳动争议仲裁委员会申请仲裁，表示该应聘者属于擅自离职，单方面与公司解除劳动合同，给公司带来了严重经济损失，遂要求其承担赔偿责任，并要求该公司承担连带责任。最终三方协商，该公司与应聘者共同向原公司支付20万元的赔偿金。

由以上案例可以看出，录用尚未办理离职手续的员工，企业也需要承担相应的损失和法律责任。因为《劳动合同法》有明确规定，企业如果招用尚未解除劳动合同的劳动者，对原企业造成经济损失的，应当依法承担连带赔偿责任。

所以，企业在录用新员工时，一定要规范录用，避免出现违规操作的情形，绝不能疏忽大意。除了避免录用未离职员工外，企业还需要注意以下几点，如图1-6所示。

- 01 避免招录不满十六周岁的未成年人
- 02 不能扣押相关证件
- 03 不能以各种名义收取财物
- 04 合法合规办理手续

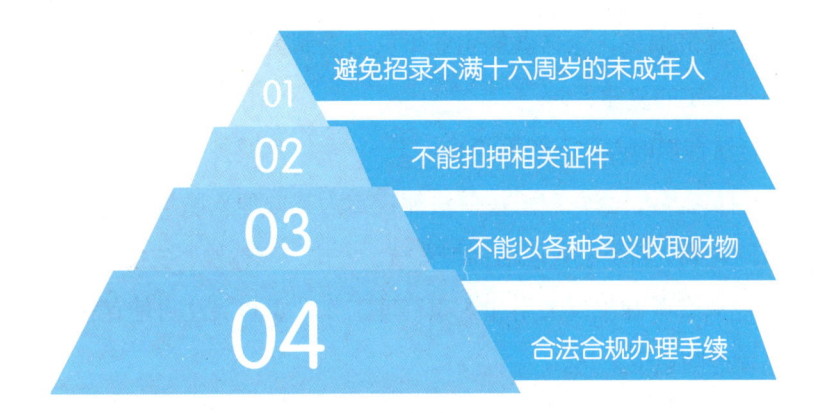

图1-6　企业录用员工时要注意的四点

1.避免招录不满十六周岁的未成年人。

招录不满十六周岁的未成年人，属于违法用工，违反了《劳动法》第十五条、第九十四条的相关规定，企业将面临罚款的处罚，严重的，还可能被市场监督管理部门吊销执照。

所以，在录用新员工时，企业一定谨慎小心，核查其身份信息。同时，企业要遵守相关法律法规，不能为了节约成本而违法雇佣不满十六周岁的未成年人。

2.不能扣押被录用人员的相关证件。

在录用员工时，为了避免员工擅自离职或者做出损害企业利益的事情，一些企业管理者会随意扣押这些员工的身份证、学历证、资质证书等相关证件。可事实上，这种行为已经违反了《劳动合同法》第九条的规定，将面临劳动行政部门的处罚。

3.录用员工时，不能以各种名义收取财物。

一些企业为了减少员工流失或者为了节约成本，往往会在录用员工时收取培训费、报名费、服装费等费用。这种行为也是违法的，会给劳动者带来经济损失，这样做的企业不仅会受到劳动行政部门的处罚，还可能承担一定的赔偿责任。

4.合法合规地办理入职手续。

录用员工后，公司应该按照法律规定为其办理入职手续，包括签订劳动合同、确认薪资、入职培训与考核、安排入职体检、安排食宿等。

企业只有做好规范录用和入职管理工作，重点关注可能存在风险的地方，才能防患于未然。

法条链接

1.《中华人民共和国劳动法》

第九十九条　用人单位招用尚未解除劳动合同的劳动者，对原用人单位造成经济损失的，该用人单位应当依法承担连带赔偿责任。

2.《中华人民共和国劳动合同法》

第九条　用人单位招用劳动者，不得扣押劳动者的居民身份证和其他证件，不得要求劳动者提供担保或者以其他名义向劳动者收取财物。

第八十四条　用人单位违反本法规定，扣押劳动者居民身份证等证件的，由劳动行政部门责令限期退还劳动者本人，并依照有关法律规定给予处罚。

用人单位违反本法规定，以担保或者其他名义向劳动者收取财物的，由劳动行政部门责令限期退还劳动者本人，并以每人五百元以上二千元以下的标准处以罚款；给劳动者造成损害的，应当承担赔偿责任。

　　劳动者依法解除或者终止劳动合同，用人单位扣押劳动者档案或者其他物品的，依照前款规定处罚。

第二章

入职与培训：建立和谐规范的劳动关系

入职与培训环节，企业管理者和人力资源负责人不仅要考虑如何与员工签订合法合规的劳动合同，明确双方的权利和义务，还需要降低员工入职的法律风险，规范入职流程，以便保障企业与员工的合法权益。

第1节 入职登记表的细节问题

新员工入职，企业通常会要求员工办理相关手续，同时填写一份入职登记表。其目的是了解新员工的基本情况，对相关资料进行存档，同时也有利于企业进行合理合法的维权。那么，人力资源部门应当如何设计入职登记表，才能预防和规避法律风险呢？

一般来说，各个企业的入职登记表大同小异，无非就是记录员工的基本信息。但是，正是这上面的各种信息，可以让企业更好地管理员工，也可以为日后解决可能发生的劳动纠纷提供有利证据。大多数情况下，企业与员工发生纠纷时，企业无法送达处罚通知、解除劳动合同通知等法律文件，导致员工事后以企业没有送达为由，主张企业非法解除劳动合同，从而要求其支付非法解除劳动合同的赔偿金。这个时候，如果企业的入职登记表设计合理，就可以及时依法举证，避免遭受经济损失。

一家装饰公司录用张黎为设计师，与其签订了为期三年的劳动合同，并在入职第一天让其填写了入职登记表。一年半之后，张黎主动离职，到新公司工作了几个月。之后，该装饰公司总经理认为张黎工作出色，又将其挖回来，还将薪酬水平提升一级。

第二次入职时，该公司招聘人员再次要求张黎签订劳动合同并填写入职登记表。张黎说："之前已经填过，这次就没必要了吧？"不过，该公司招聘人员为了保险起见，还是坚持让他填写了。

又过了两年，张黎与总经理发生争执，双方之间存在矛盾和芥蒂，无法正常开展工作。总经理将张黎辞退，并表示愿意支付经济补偿金。但是，在协商经济补偿金时，双方产生很大分歧，张黎认为自己在公司任职五年，公司需要支付的经济补偿金应为五个月工资；而公司表示，张黎中间离职过，第二次任职时间只有两年，所以理应支付两个月工资作为经济补偿金。

于是，张黎诉至当地劳动争议仲裁委员会。在审理时，该公司拿出两份劳动合同和入职登记表，同时，第二份登记表中明确显示张黎离职和再次入职的时间。因为这一份有利证据，该公司胜诉，只需支付张黎两个月的经济补偿金。

案例中，该公司之所以能胜诉，是因为拿出了张黎曾离职、后又入职的证据，尤其是入职登记表。如果该公司招聘人员风险防范意识淡薄，并未要求张黎重新填写入职登记表，也没有为其办理离职交接手续，那么公司便会在仲裁中败诉，遭受更大的经济损失。

所以说，入职登记表是非常重要的，企业管理者和人力资源负责人一定要合法有效地利用好它。入职登记表的内容设计要尽量做到全面严谨，具体来说要注意以下几点，如图2-1所示。

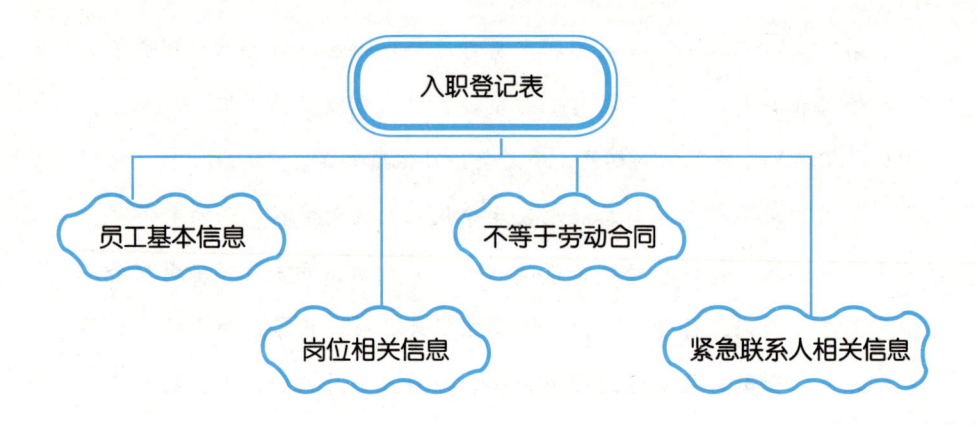

```
         ┌─────────────┐
         │  入职登记表  │
         └─────────────┘
         ┌──────┴──────┐
  ┌──────┴──┐       ┌──┴──────┐
  │员工基本信息│       │不等于劳动合同│
  └─────────┘       └─────────┘
    ┌──────┴──┐       ┌──┴──────────┐
    │岗位相关信息│       │紧急联系人相关信息│
    └─────────┘       └─────────────┘
```

图 2-1　入职登记表设计的四个要点

1.入职登记表应当包括员工的基本信息，包括学历、工作履历、从业资格、培训经历、健康状况等信息。其中，工作履历应当详细记载之前任职过的公司名称、职位、起止时间和离职原因。

2.表中要明确工作岗位、工资、劳动合同期限等内容，并注明员工已经签订劳动合同。这样一来，即使劳动合同丢失，只要登记表上有员工的签名确认，就可以作为双方已经签订书面合同的有效证据。

3.入职登记表不等于劳动合同，双方权利、义务约定不明确。所以，让员工填写入职登记表后，仍然必须与员工签订书面劳动合同。

4.入职登记表必须要求员工填写自己和紧急联系人的通讯地址、电子邮箱、手机号码等信息，并注明："发生变动的，必须在三日之内告知单位，否则，因此导致单位的法律文件无法送达本人的，视为送达。"

法条链接

《中华人民共和国劳动合同法》

第四十七条 经济补偿按劳动者在本单位工作的年限，每满一年支付一个月工资的标准向劳动者支付。六个月以上不满一年的，按一年计算；不满六个月的，向劳动者支付半个月工资的经济补偿。

劳动者月工资高于用人单位所在直辖市、设区的市级人民政府公布的本地区上年度职工月平均工资三倍的，向其支付经济补偿的标准按职工月平均工资三倍的数额支付，向其支付经济补偿的年限最高不超过十二年。

本条所称月工资是指劳动者在劳动合同解除或者终止前十二个月的平均工资。

第2节 劳动合同的两类条款

对于企业和员工来说，劳动合同都是至关重要的，它是明确企业和员工之间权利与义务的协议，也是保护双方合法权益的凭证。企业与员工签订劳动合同后，劳动合同便具有法律效力，约束当事人双方的行为。一般来说，为了避免法律风险，劳动合同中应该有以下两类条款，如图2-2所示。

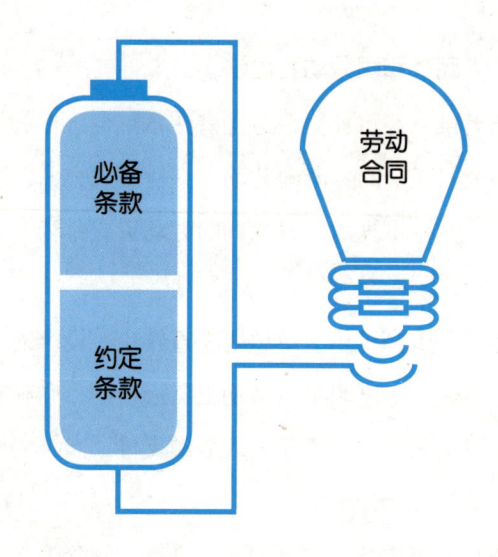

图 2-2　劳动合同中应有的两类条款

必备条款，就是法定条款，是必须写在劳动合同中的。具体包括以下九项：

1.用人单位的名称、住所和法定代表人或者主要负责人；

2.劳动者的姓名、住址和居民身份证或者其他有效身份证件号码；

3.劳动合同期限；

4.工作内容和工作地点；

5.工作时间和休息休假；

6.劳动报酬；

7.社会保险；

8.劳动保护、劳动条件和职业危害防护；

9.法律、法规规定应当纳入劳动合同的其他事项。

需要注意的是，在实际操作中，需要明确员工从事什么岗位，内容要具体详细。比如，出纳的工作内容是负责货币资金结算、往来结算、工作结算等；工作地点不能太宽泛，一些特殊行业或岗位的工作地点比较宽泛，需要在合同中加以说明；工作时间和休息休假时间必须符合相关法律法规的规定；一些特殊的有毒有害的岗位，合同中要向员工具体说明，并约定劳动者保护条件。

那么，如果劳动合同中缺乏必备条款，是否意味着合同无效呢？

某公司招聘一位技术总监，因为之前公司没有设立这个岗位，所以签订劳动合同时，并未约定劳动报酬，只是口头说根据项目成果而定。之后，该公司每月按照研发经理的薪酬支付该技术总监工资，年终也给付了项目奖金。一年后，公司对其能力不满意，便决定与其解除劳动合同。

该技术总监不同意，于是该公司便以劳动合同中没有法律所规定的必备条款——劳动报酬为由，认定该劳动合同无效。这样一来，双方只存在事实劳动关系，企业想要终止劳动关系，只需提前30天通知就可以了，不需要经对方同意。

然而，该公司的想法是错误的。因为该劳动合同是根据双方意思表示一致而订立的，且没有违反法律法规。缺乏必备条款，并不能判定该劳动合同无效，企业不能随意单方面解除劳动合同。

另外还有约定条款。

约定条款，是企业可以与求职者协商的，除了必备条款之外的一些条款。具体来说，可以包括试用期、培训、保密协议、补充保险、福利待遇、竞争限制条款，以及变更、终止劳动合同的条件等。这些条款的内容和执行都必须符合法律规定，否则也将给企业带来麻烦。同时，约定条款需要具体细化，不能泛泛而谈，否则容易引起纠纷。

法条链接

《中华人民共和国劳动合同法》

第十七条　劳动合同应当具备以下条款：

（一）用人单位的名称、住所和法定代表人或者主要负责人；

（二）劳动者的姓名、住址和居民身份证或者其他有效身份证件号码；

（三）劳动合同期限；

（四）工作内容和工作地点；

（五）工作时间和休息休假；

（六）劳动报酬；

（七）社会保险；

（八）劳动保护、劳动条件和职业危害防护；

（九）法律、法规规定应当纳入劳动合同的其他事项。

劳动合同除前款规定的必备条款外，用人单位与劳动者可以约定试用期、培训、保守秘密、补充保险和福利待遇等其他事项。

第3节　谨防劳动合同无效

一般来说，只要签订劳动合同的双方意思表示一致，劳动合同就可以成立。不过，在实际操作中，常常出现劳动合同被认定无效的情况。

对于企业来说，如果因为疏忽大意、操作不规范导致劳动合同无效或者部分无效，那么作为过错一方，就需要承担赔偿责任。而对于员工来说，如果存在欺诈行为，也会导致劳动合同无效。那么企业辞退员工，就不需要承担赔偿责任了。

需要注意的是，劳动合同的无效，由劳动争议仲裁委员会或者人民法院确认。

案例一：某工厂招聘车间货物装卸工，要求员工按照规章制度作业，避免出现工作懈怠、疏忽大意等情况。劳动合同其中一条约定：因员工疏忽大意导致的工伤，公司概不负责。可是，一位新员工却在装卸货物时发生意外，从货架上摔落下来，导致腿部骨折。当员工向公司要求工伤赔偿时，公司却以劳动合同中的相关条款已经约定"因员工疏忽大意导致的工伤，公司概不负责"为由拒绝。

案例二：某互联网企业招聘网络工程师，要求应聘者具有研究生及以上学历，并具有相关行业三年以上工作经验。该公司与符合条件的求职者李伟签订劳动合同，期限为三年，合同中约定如果一方单方面解除劳动合同，必须赔付对方5万元违约金。

一段时间后，公司发现李伟工作能力不足，无法胜任难度较高的工作任务。经调查，公司发现李伟简历中××知名网络公司三年以上工作经验是假的。他只是在该企业实习过一段时间，并未单独负责过任何一个项目。

于是，该公司决定以简历作假为由解雇李伟。李伟不同意，与公司协商不成后，向当地劳动争议仲裁委员会申请仲裁，以单方面解除劳动合同为由要求公司支付5万元违约金。

以上两个案例都涉及劳动合同无效这个问题。

案例一，属于劳动合同部分无效，即"因员工疏忽大意导致的工伤，公司概不负责"条款是无效的。因为该条款违反了《劳动合同法》的相关规定，企业免除了自己的法定责任，侵犯了员工的合法权益。所以，该公司应该向员工支付工伤赔偿。

案例二，李伟采取了欺诈的手段，让该公司招聘人员误以为他符合公司的招聘条件，并与其签订劳动合同。所以，根据相关法律规定，该劳动合同不具有法律效力。因此，仲裁委员会判定该公司解聘李伟是合理的，无需支付赔偿金。

当然，如果企业限制员工法定权利、加重员工义务，情节严重的，也可能被认定为无效。劳动合同无效，并不意味着公司不需要支付员工工资。只要员工付出劳动，企业就应当依法支付相应的报酬。

因此，企业和员工建立劳动关系时，应当依法签订劳动合同，注意合同的有效性，维护自身利益的同时也不侵犯员工的合法权益。

法条链接

《中华人民共和国劳动合同法》

第二十六条　下列劳动合同无效或者部分无效：

（一）以欺诈、胁迫的手段或者乘人之危，使对方在违背真实意思的情况下订立或者变更劳动合同的；

（二）用人单位免除自己的法定责任、排除劳动者权利的；

（三）违反法律、行政法规强制性规定的。

对劳动合同的无效或者部分无效有争议的，由劳动争议仲裁机构或者人民法院确认。

第二十七条 劳动合同部分无效，不影响其他部分效力的，其他部分仍然有效。

第二十八条 劳动合同被确认无效，劳动者已付出劳动的，用人单位应当向劳动者支付劳动报酬。劳动报酬的数额，参照本单位相同或者相近岗位劳动者的劳动报酬确定。

第4节 灵活约定劳动合同

对于企业来说，合法约定劳动合同的条款是非常重要的。如果企业不懂如何合法、安全、灵活地制订劳动合同，在起草和签订合同时留下漏洞，那么便会给自身带来许多纠纷和风险。因此，企业在起草和签订劳动合同时，需要注意以下几点，如图2-3所示。

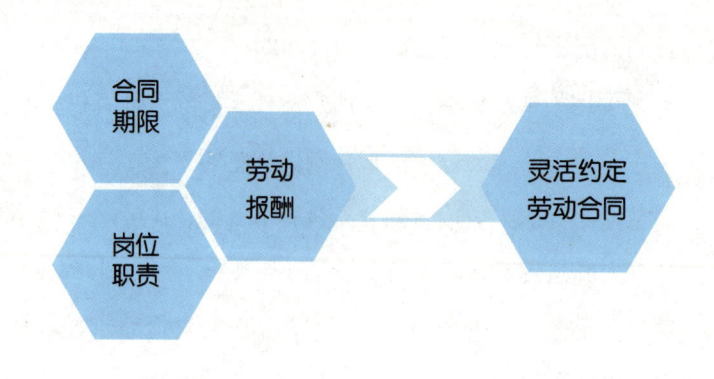

图 2-3　签订劳动合同时要注意的三点

1.灵活约定劳动合同的期限。

企业管理者和人力资源负责人要合法约定劳动合同的期限，约定期限合理，才有利于灵活用工，且保证人才的稳定性。一般来说，企业应当以一年、两年或三年为期限与员工订立劳动合同，同时也需要根据岗位特征和企业发展需求来具体问题具体分析。

比如，高层管理岗、技术岗、研发岗等关键性岗位，为减少关键性人才流失，确保人才的稳定性，企业应该与员工签订三年以上五年以内或者五年以上十年以内的劳动合同；销售、行政类等普通、专业性不高的岗位，企业应该与员工签订较短的劳动合同期限，三年以内便可以。

同时，企业可以根据企业自身发展阶段来考虑与员工签订多长时间的劳动合同。如果企业处于初创阶段，自身稳定性不强，人员流动频繁，合同期限最好以中短期为主，这样一来就可以降低解除劳动合同带来的风险。

此外，一些企业采取无固定期限劳动合同的方法，即劳动合同没有确切的终止时间，劳动合同期限没有确定的时间限制。当然，这并不意味着签了无固定期限合同，企业就可以逃避相应的法律义务，随意侵犯劳动者的合法权益。

某电子公司与老员工周琦的十年合同即将期满时，符合无固定期限劳动合同的条件。于是，周琦向公司申请签订无固定期限劳动合同，该公司总经理表示同意，但条件是调整工作岗位和降低薪资待遇。周琦对这个条件感到不满，坚持要求按照原来的岗位和薪资续约。于是，该公司与周琦终止了劳动关系。

周琦很是气愤，向当地劳动争议仲裁委员会提起仲裁要求，经调查，仲裁委员会认为，该公司终止劳动合同的行为违法，需要赔偿违法终止劳动合同赔偿金。

为什么该公司需要承担赔偿责任呢？根据我国法律规定，在第一份劳动合同期满时，双方协商延长劳动合同期限，应当视为续订劳动合同。案例中，周琦符合签订无固定期限劳动合同的条件，并主动提出签订无固定期限劳动合同，该公司应当与其签订。然而，该公司却通知周琦不续签，违反了相关法律规定，所以应当支付周琦相应的经济补偿金。

2.灵活约定岗位的职责要求。

岗位名称要对应所从事的职务，职责要与岗位说明书的内容保持一致；同时，在劳动合同条款中可以约定双方可以通过协商对岗位进行调整，比如"因生产经营需要，甲方可以对乙方的工作岗位或生产任务进行调整，但应征求乙方的书面同意"之类的条款。

3.灵活约定劳动报酬。

企业与员工签订劳动合同时，都会涉及劳动报酬的问题。一般来说，报酬包括基本工资、提成工资、奖金、福利等。不同的岗位，绩效考核要求不同，薪酬的计算标准也不同，企业管理者和人力资源负责人应该灵活操作，根据公司的实际情况与员工约定薪酬。

当然，企业在签订劳动合同时，最好不要把工资、奖金、津贴等全额约定，只需要约定基本工资的数额就可以了，然后在其后注明：甲方会根据乙方实际工作量进行考核，并根据考核的结果发放绩效工资和奖金工资。

法条链接

《中华人民共和国劳动合同法》

第十四条 无固定期限劳动合同，是指用人单位与劳动者约定无确定终止时间的劳动合同。

用人单位与劳动者协商一致，可以订立无固定期限劳动合同。有下列情形之一，劳动者提出或者同意续订、订立劳动合同的，除劳动者提出订立固定期限劳动合同外，应当订立无固定期限劳动合同：

（一）劳动者在该用人单位连续工作满十年的；

（二）用人单位初次实行劳动合同制度或者国有企业改制重新订立劳动合同时，劳动者在该用人单位连续工作满十年且距法定退休年龄不足十年的；

（三）连续订立二次固定期限劳动合同，且劳动者没有本法第三十九条和第四十条第一项、第二项规定的情形，续订劳动合同的。

用人单位自用工之日起满一年不与劳动者订立书面劳动合同的，视为用人单位与劳动者已订立无固定期限劳动合同。

第5节　劳动合同变更的风险

劳动合同并不是一经签订便不可变更的，在劳动合同履行期间，如果企业经营状况发生变化、员工岗位发生变化、订立合同时所依据的客观情况发生重大变化，企业与员工协商一致后，是可以变更劳动合同的约定内容的。

一般来说，在合同尚未开始履行或者履行完毕之前，只要企业与员工协商一致，就可以对合同内容做部分修改、补充或者删减。劳动合同变更，并不是签订新的合同，原合同未变更的部分仍然有效，只是变更的内容代替了原合同的相关内容而已。

劳动合同变更程序如下：提出变更要约（一方提出变更要求，说明变更的理由、内容以及条件）—承诺（另一方接到变更请求后，及时答复，明确告知对方是否同意）—订立书面变更协议（协商一致后，签订书面变更协议）。需要注意的是，协议必须载明变更的具体内容，双方签字盖章后，各执一份。

虽然劳动合同变更是比较常见的，但是在实际操作中也可能给企业带来一定法律风险，尤其是企业单方面变更劳动合同，或者没能采取书面形式约定、确认时，便会惹来不必要的麻烦和纠纷。

李方担任某机械公司的业务经理，签订为期3年的劳动合同，每月工资为10000元。后来，由于疫情的影响，该公司业务和经营状况不佳，于是决定将各部门中层管理人员的薪金水平降一级。公司管理层将这一决定向全体员工公布后，人力资源部门便开始与每位员工沟通协商，说明了合同变更的理由和内容，即重新约定员工的劳动报酬标准，将每月工资降为7000元。

李方虽然不情愿，但是鉴于就业环境不好，无法在短时间找到更合适的工作，便口头同意签订变更协议。接下来，人力资源部门有计划地为员工办理劳动合同变更手续，整个工作进行得还算顺利。两个月后，李方找到新工作，主动向公司提出辞职，并办理了解除劳动合同的手续。

不过，李方提出了补足两个月工资差额并支付经济补偿的要求，理由是公司并未足额支付自己劳动报酬。人力资源部门表示，公司已经与李方就变更劳动合同协商一致，而且降薪执行后，李方并未提出异议。李方表示，自己并未在变更协议上签字，公司属于单方面变更合同，所以应当足额支付劳动报酬并支付经济补偿。

双方无法达成一致，于是李方向当地劳动争议仲裁委员会提起仲裁申请。劳动仲裁部门认定，李方未在变更协议上签字，视为不同意变更，该公司单方面变更劳动合同无效，因此需要足额支付劳动报酬并支付解除劳动合同的经济补偿。

该公司冤吗？是的。但是如果该公司提高法律风险防范意识，与员工签订书面协议后再执行降薪，而不是达成口头协议之后就执行降薪，就不会引起劳动纠纷，使公司遭受经济损失了。

因此，变更劳动合同时，企业管理者和人力资源负责人需要注意以下几点，如图2-4所示。

```
┌─────────────────────┐
│  平等自愿、协商一致  │
├─────────────────────┤
│   应当采取书面形式   │
├─────────────────────┤
│   不可单方面强制执行  │
├─────────────────────┤
│"客观情况发生重大变化"的认定│
└─────────────────────┘
```

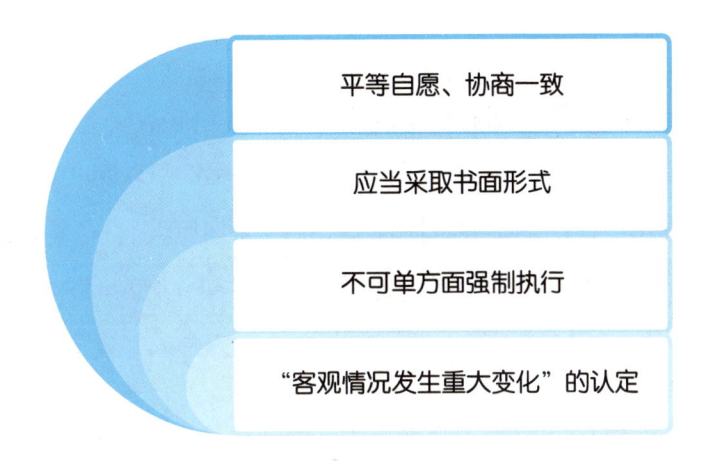

图 2-4　变更劳动合同的四个重点

1.合同变更必须坚持平等自愿、协商一致的原则，不得单方面变更劳动合同。

2.避免仅仅口头约定变更，应当采取书面的形式。即便已经口头约定，未签订变更协议时，也要留下足够充分的证据，比如保留会议记录、公示文件、录音录像等。

3.员工不签订协议也不正面拒绝，但是拒绝正常出勤时，企业应当谨慎行事，依照企业规章制度及时对其进行处理，而不是单方面强行执行，以免引发劳动争议。

4."客观情况发生重大变化"，是指不可抗力或无法预见的变化导致的劳动合同无法履行的情况，包括自然灾难、企业分立或被收购、员工患病或非因工负伤而无法从事原本工作等变化。在实际操作中，对于"客观情况发生重大变化"，各地区的认定标准是不同的。企业管理者和人力资源负责人一定要了解本地区的认定标准，根据当地司法实践中对该问题的裁审来认定。

> **法条链接**
>
> 《中华人民共和国劳动合同法》
>
> 第三十五条　用人单位与劳动者协商一致，可以变更劳动合同约定的内容。变更劳动合同，应当采用书面形式。
>
> 变更后的劳动合同文本由用人单位和劳动者各执一份。

第6节　延长试用期的风险

试用期是企业考察新员工能力的重要依据。不过很多企业可能会有意无意地将试用期从劳动合同中剥离出来，或是在试用期将结束时找各种理由将员工辞退，或是延长试用期。

那么，延长试用期是合法的吗？如果企业与员工协商一致，是不是就可以延长试用期呢？

2022年7月王鹏进入某网络公司担任编导工作，公司与其签订为期两年的劳动合同，并约定试用期为三个月，每月基本工资为5000元。试用期满后，公司对王鹏进行了考核，但是他的考核分数并不理想，被认定为考核不合格。为给王鹏一次机会，公司做出延长试用期两个月的决定，仍按照试用期的标准支付工资。延长的试用期结束后，公司再次对其进行考核，王鹏通过考核并顺利转正。

一年后，王鹏因个人原因提出离职，并要求公司支付违法延长试用期的赔偿。公司人力资源负责人表示："之前延长试用期是因为你考核不合格，公司是出于好心，再给你一次机会，你怎么能忘恩负义呢？"

王鹏则表示："劳动合同约定，试用期是三个月。你们却以考核不合格为由延长试用期，这是违法的。"人力资源负责人气愤地说："公司已经与你协商，而且你并未提出异议。"王鹏却坚持要求赔偿，并向当地劳动争议仲裁委员会申请仲裁。

接下来，受理此案的仲裁员针对这个问题进行调查和调解，认定该公司与王鹏签订两年期限的劳动合同，并明确约定试用期为三个月，违反了《劳动合同法》第十九条的相关规定。同时，该公司又以王鹏未通过试用期考核为由，再一次延长了试用期，虽然本意是好的，但是该行为是违法的。因此，仲裁委员会判定该公司向王鹏支付赔偿金。

由此可见，对于试用期，企业应该谨慎小心，不能随意延长。具体需要注意以下几点：

1.依法约定试用期期限。

企业需要根据《劳动合同法》相关规定约定试用期的时间，不要超出其规定期限。即，劳动合同期限三个月以上不满一年的，试用期不得超过一个月；劳动合同期限一年以上不满三年的，试用期不得超过二个月；三年以上固定期限和无固定期限的劳动合同，试用期不得超过六个月。

2.企业与员工只能约定一次试用期。

企业只能与员工约定一次试用期，不能约定两次试用期，即便员工离职之后，再次入职，也不能约定两次。

员工试用期考核不合格，企业应该按照法律法规给予辞退处理，不应该因为好心而延长试用期。因为即便企业与员工协商一致，一旦发生劳动纠纷，员工也可以主张约定无效，给企业带来不必要的损失。

> ### 法条链接
>
> **《中华人民共和国劳动合同法》**
>
> **第十九条** 劳动合同期限三个月以上不满一年的，试用期不得超过一个月；劳动合同期限一年以上不满三年的，试用期不得超过二个月；三年以上固定期限和无固定期限的劳动合同，试用期不得超过六个月。
>
> 同一用人单位与同一劳动者只能约定一次试用期。
>
> 以完成一定工作任务为期限的劳动合同或者劳动合同期限不满三个月的，不得约定试用期。
>
> 试用期包含在劳动合同期限内。劳动合同仅约定试用期的，试用期不成立，该期限为劳动合同期限。

第7节 保密协议与竞业限制协议

对于劳动合同中未约定的事宜，企业可以与员工签订补充协议，比如保密协议和竞业限制协议。补充协议可以让劳动合同更加完善，切实保护双方利益的同时防范一些法律风险。

1.保密协议。

保密协议,是企业与员工签订的、约定不得向任何第三方披露某信息的协议,一般包括保密内容、责任主体、保密期限、保密义务以及违约责任等条款。

企业与员工约定保密事项,可以采取两种方式:一是在劳动合同中约定保密事项;二是订立单独的保密协议,明确双方的权利与义务。保密协议主要是针对企业的商业秘密和知识产权,一般来说,企业高管、高级研发人员、技术人员、渠道或销售专员都需要签订保密协议,但并不是所有员工都需要签订。

保密协议的内容应当包括以下几方面,如图2-5所示。

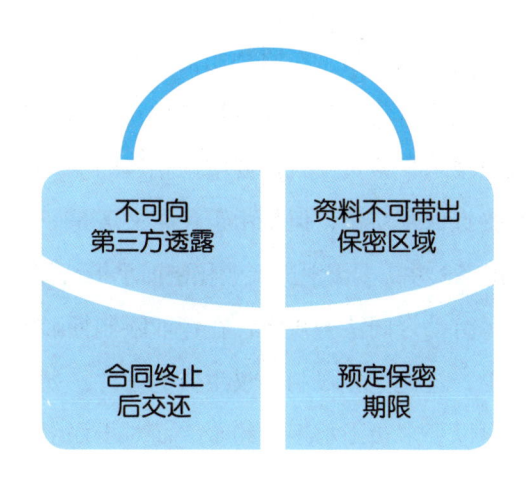

图2-5 保密协议内容的四个重点

(1)在未经许可的情况下,保密义务人不可将商业秘密透露给任何第三方或用于合同目的以外的用途;

(2)不可将含有保密信息的资料、文件、实物等携带出保密区域;

（3）在合同终止后，应当交还保密信息；

（4）约定保密义务人的保密期限。

2.竞业限制协议。

企业与保守商业秘密的员工签订的劳动合同、知识产权归属协议或技术保密协议中，常常约定竞业限制条款。

竞业限制协议与保密协议不同，不能混淆。竞业限制协议主要是要求员工与企业解除劳动关系后，在一定期限内，禁止员工到与原企业经营业务相同或有竞争关系的企业任职的协议。保密协议主要是要求员工保守协议中约定的商业秘密，不能泄露给第三方。同时，竞业限制属于约定义务，而保密义务属于法定义务。竞业限制的期限不得超过两年，而保密义务是没有期限的。

比如，某公司聘用的新员工在原公司负有保密义务，如果该员工在新公司工作期间有意无意将原公司的新技术信息透露出来，而新公司的新产品应用了该新技术，该员工就需要承担相应的法律责任。即便该员工与原公司没有签订保密协议，但是由于保密义务是一种法定义务，该员工也应该保守秘密，并需要因泄露商业秘密而承担法律责任。

另外，根据《劳动合同法》规定，在竞业限制期限内企业需要按月给予员工经济补偿，这是竞业限制协议生效的条件。如果员工违反竞业限制义务，企业可以要求员工承担违约金。而对于保密义务，企业是不需要支付补偿金的。

同时，在竞业限制协议中，企业不能随意约定期限，约定的期限必须在两年之内，如果超过两年，协议就是无效的。

2020年8月，董安进入某软件开发公司，担任软件开发经理，签订为期5年的劳动合同。双方在劳动合同附件中约定：董安在未经许可的情况下，不可将商业秘密透露给任何第三方；不可将含有研发、技术等方面信息的资料、文件、实物携带出办公室；在劳动合同期间和结束劳动合同后的三年内，未经公司许可不得利用其商业机密为任何第三方服务，也不得自己经营与本公司有竞争关系的同类业务。同时，劳动合同中还约定了保密协议的违约责任和竞业限制的补偿办法。

2023年2月，董安提出辞职，与公司解除劳动关系。离职后，该公司并未向其支付违约金。同年3月1日，董安入职一家信息技术开发公司，该公司与原公司有存在竞争关系的同类业务。于是原公司认为董安侵犯了其商业技术秘密，且违反了劳动合同中的竞业限制条款，并以此为理由向当地劳动争议仲裁委员会申请仲裁，要求其承担违反竞业限制协议的法律责任。

案例中，该公司约定竞业限制期限为三年，属于违法条款，所以其协议是无效的。同时，该公司并未向董安支付竞业限制补偿金，所以其条款对其没有约束力。因此，仲裁委员会判定该公司无权要求董安履行竞业限制的义务。不过，保守商业秘密是董安的法定义务，如果在新公司工作期间，董安泄露原公司商业秘密，并给其带来严重损失，他和新公司都需要承担法律责任。情况严重的话，则涉嫌侵犯商业秘密罪。

法条链接

《中华人民共和国劳动合同法》

第二十四条 竞业限制的人员限于用人单位的高级管理人员、高级技术人员和其他负有保密义务的人员。竞业限制的范围、地域、期限由用人单位与劳动者约定，竞业限制的约定不得违反法律、法规的规定。

在解除或者终止劳动合同后，前款规定的人员到与本单位生产或者经营同类产品、从事同类业务的有竞争关系的其他用人单位，或者自己开业生产或者经营同类产品、从事同类业务的竞业限制期限，不得超过二年。

第九十条 劳动者违反本法规定解除劳动合同，或者违反劳动合同中约定的保密义务或者竞业限制，给用人单位造成损失的，应当承担赔偿责任。

第8节 培训服务期协议的风险

新员工入职后，企业通常会为其提供专业技术培训。对于企业来说，对新员工进行专业技能培训，有利于企业的长期稳定发展和经济效益提升。但是，这里面也存在着一定风险，比如员工培训后，还未对企业做出贡献便选择离职，企业就等于"为他人做嫁衣裳"。所以，一般来说，企业会与新员工签订培训服务期协议，以此来降低人力资本投入的风险。

北京某软件公司通过网上招聘招用了三名应届毕业生，职位为软件工程师，签订为期三年的劳动合同，试用期为两个月。两年后，公司安排三名员工到德国最好的软件工程学院接受为期三个月的专业培训，提升高端软件工程技术的理论知识和实际操作能力。公司与三名员工签订了培训服务期协议，约定培训费每人10万元，服务期为五年，违约金按服务年限分摊。

培训结束后，三位员工回到公司继续为公司工作。等到劳动合同期满后，一位员工却提出离职，准备跳槽到上海一家跨国外企。该公司管理者不同意，要求他按照培训服务期协议支付违约金。最后，向当地劳动争议仲裁委员会申请仲裁后，该公司向人民法院提起诉讼。

《劳动合同法》规定企业为员工提供专项培训费用，对其进行专业技术培训的，可以与其签订培训服务期协议。一旦员工与企业解除劳动合同，企业可以要求其赔偿违约金。所以，案例中那位跳槽员工违反了服务期约定，应当向这家软件公司赔偿违约金。

培训服务期协议的内容一般包括：培训时间、培训地点、培训内容、培训费、服务期、违约情形、违约责任等。培训费、服务期和违约责任是其中的关键内容。签订培训服务期协议，还需要注意以下问题，如图2-6所示。

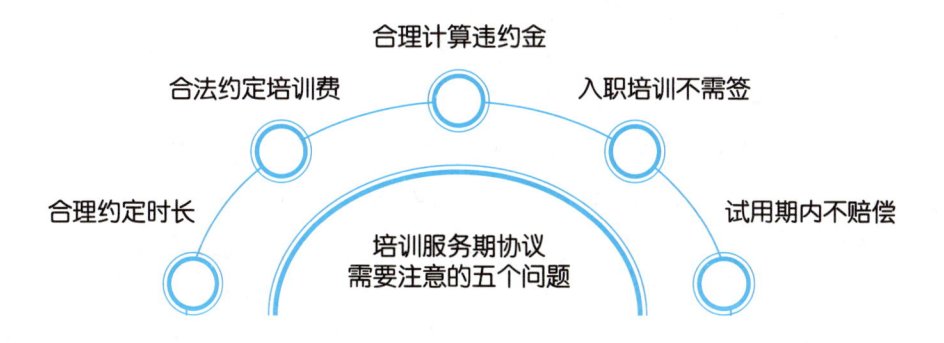

图 2-6 培训服务期协议需要注意的五个问题

1.合理约定培训服务期时长。

企业要格外注意服务期的时长，应当根据企业的实际情况和员工的性格特点来设置。如果员工流动率低，企业可以将服务期约定得长一些，反之则需要短一些。一般来说，3~5年最为合适，最长不要超过10年。企业还可根据培训费用的投入来约定服务期，一般是按每5000元约定1年来设置。比如，某技术骨干脱产培训的费用总和为2万元，那么服务期可以约定4年。

需要注意的是，在实操中可能出现服务期和劳动合同期限不一致的情况。如果服务期比合同期限短，那么无需特别规定；如果服务期比合同期限长，则劳动合同期限延续至培训服务期协议约定的服务期满。

2.合法约定培训费。

培训费可以约定为直接培训费用、差旅费、额外的培训补贴等，但是不能将培训期间的工资约定为培训费，这是不合法的。

3.合理计算员工在服务期内离职的违约金。

员工如果在服务期内选择离职，企业有权要求其支付违约金。但是，违约金并不是企业想定多少就定多少，我国法律规定违约金最高不能超过培训费总和。企业可以提供相关收据、发票等资料来证明该员工的培训为专业技术培训，并核算具体的培训费用。

4.入职培训没有必要签订培训服务期协议。

新员工入职，企业一般会安排入职培训，包括介绍公司历史、规章制度、组织结构等，这有利于帮助新员工尽快适应公司环境，更好地熟悉岗位工作。但是培训内容比较简单，投入也不高，所以没必要签订培训服务期协议。

5.试用期内，员工就提出解除劳动合同，即便企业对员工进行了技术培训并签订了培训服务期协议，也不得要求其支付培训费或做出赔偿。

法条链接

《中华人民共和国劳动合同法》

第二十二条 用人单位为劳动者提供专项培训费用，对其进行专业技术培训的，可以与该劳动者订立协议，约定服务期。

劳动者违反服务期约定的，应当按照约定向用人单位支付违约金。违约金的数额不得超过用人单位提供的培训费用。用人单位要求劳动者支付的违约金不得超过服务期尚未履行部分所应分摊的培训费用。

用人单位与劳动者约定服务期的，不影响按照正常的工资调整机制提高劳动者在服务期期间的劳动报酬。

第三章

工时与休假：规范工作时间和假期管理

合理安排员工的工作时间，保障其依法享受休假权利，可以调动员工的积极性，提高工作效率和工作质量。所以，企业管理者和人力资源负责人进行工作时间和假期管理时，应当遵守相关法律法规的规定，维护员工权益的同时防范休假风险。

第1节　标准工时制度

工时制度，就是工作时间制度。我国目前的工时制度有以下三种：标准工时制、综合计算工时制、不定时工作制。其中，标准工时制度是我国大多数企业普遍采用的一种工时制度。

什么是标准工时制度？《劳动法》规定，劳动者每日工作时间不超过8小时，平均每周工作时间不超过44小时。《国务院关于职工工作时间的规定》规定，职工每日工作8小时，每周工作40小时；国家机关、事业单位实行统一的工作时间，星期六和星期日为周休息日。

在司法实践中，主要适用《国务院关于职工工作时间的规定》。也就是说，在标准工时制下，员工每日工作时间不超过8小时，周六周日为休息日。但是由于企业经营性质、员工岗位特征并不相同，可能无法按照上述方式来执行，所以一些企业会根据自身实际情况来调整员工的工作时间和休息时间。

然而，企业并不能随意延长员工工作时间，更不能剥夺员工休息的权利。对于标准工时，延长工作时间是有明确限制的：保证员工每周至少休息1日；因企业生产经营实际需要，与劳动者协商一致后，一般每天延长工作时间不得超过1小时；因特殊原因，每天延长工作时间不得超过3小时；每月延长工作时间不得超过36小时。总的来说，标准工时制如图3-1所示。

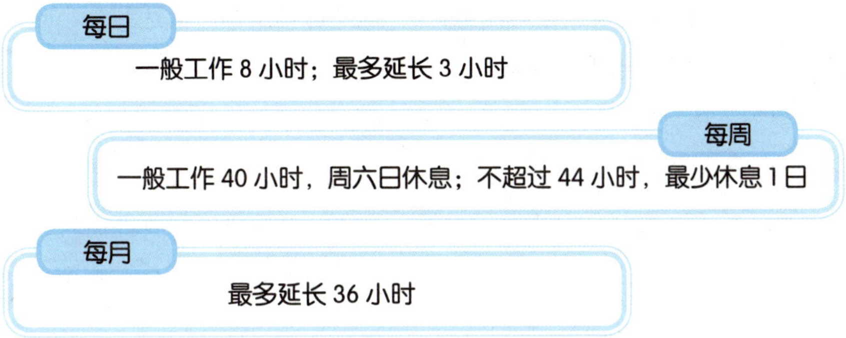

每日
一般工作 8 小时；最多延长 3 小时

每周
一般工作 40 小时，周六日休息；不超过 44 小时，最少休息 1 日

每月
最多延长 36 小时

图 3-1 标准工时制的简单概括

如果为了经济效益，企业不遵守工作时间的规定或约定，便会面临法律风险。

胡明于2023年1月入职某公司，岗位为市场推广，双方签订的劳动合同中约定该岗位执行标准工时制。一段时间后，胡明等十几名员工被派到外地开拓新市场，由于时间紧、任务重，公司决定延长胡明等人的工作时间，每天工作9个小时，周日休息一天。若是临时有重要、紧急的任务，还要求胡明等人周日加班。

新市场开拓非常顺利，公司决定在当地建立分公司，胡明等人自然也留了下来，同时约定签订劳动合同变更协议。不过，签订协议时，胡明发现公司并未修改工作时间——每天工作9个小时，周日休息一天。胡明不同意签订劳动合同，并且向当地劳动争议仲裁委员会提出仲裁申请，维护自己的合法权益。

案例中，该公司延长了胡明等人的工作时间，虽然每天延长时间不超过1小时，且保证员工每周休息1天，但是每周工作时间达到54小时，其行为已经违反《劳动法》相关规定，应当承担相应的法律责任。

另外，休息权是我国宪法赋予劳动者的权利，任何组织和个人都不能剥夺一个人的休息权。所以，即便员工每天工作不足8小时，每周工作不足40小时，企业也不能取消员工的休息日。如果企业经营性质特殊，可以选择不定时工作制或者综合计算工时制度，既可以维护自身权益又可以规避法律风险。

法条链接

1.《中华人民共和国劳动法》

第三十六条 国家实行劳动者每日工作时间不超过八小时、平均每周工作时间不超过四十四小时的工时制度。

第三十八条 用人单位应当保证劳动者每周至少休息一日。

2.《国务院关于职工工作时间的规定》

第三条 职工每日工作8小时、每周工作40小时。

第七条 国家机关、事业单位实行统一的工作时间，星期六和星期日为周休息日。

企业和不能实行前款规定的统一工作时间的事业单位，可以根据实际情况灵活安排周休息日。

第2节 不定时工作制

由于生产经营状况、员工岗位要求不同,很多企业无法实行标准工时制度。在这种情况下,企业可以实行不定时工作制度。一般来说,不定时工作制度有以下几点特征,如图3-2所示。

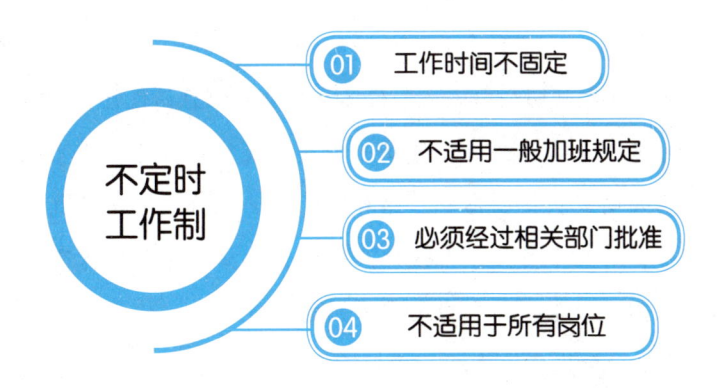

图 3-2 不定时工作制的四个特征

1.工作时间不固定。

由于没有固定的工作时间,企业可以根据实际情况采取弹性工作时间及休息方式,比如集中工作、集中休息、轮休调休、弹性工作时间等。

不过,工作时间不固定不代表企业可以安排无休止的工作,只不过休息时间的安排更灵活罢了。

2.不受延长工作时间标准的限制,不适用加班工作标准的规定。

3.企业可以与员工约定采取不定时工作制度,但是企业必须将相关情况上报给相关部门进行审核和备案。如果未经批准，工时制定就是无效的，企业的行为就是不合法的。

张淼于2022年3月担任某设计公司的设计总监，签订劳动合同时，约定采取不定时工作制。工作一年后，张淼发现公司老板时常要求自己加班，晚上九点十点还要求设计加急撰写策划案，甚至出现一个星期内连续三四天加班到凌晨两三点的情况。国庆放假期间，张淼好不容易与老板协调好休息三天，回家乡参加弟弟的婚礼。然而，第二天老板便打来电话，要求他立即赶回公司完成一份非常重要的项目的设计稿。

2022年底，张淼因为过于繁忙、作息不规律导致身体状况糟糕，为了健康考虑便向老板提出离职。结算工资和奖金时，张淼提出自己一直超负荷工作，好几个月几乎都没休息一天，希望公司补发自己加班费。该公司老板却说，张淼与公司约定采用的是不定时工作制，就应该随时待命，要求支付加班费的要求是不合理的。

张淼听了很气愤，向当地劳动争议仲裁委员会申请仲裁，要求该公司补发应发放的加班费。经过仲裁委员会审理发现，虽然该公司与张淼约定采取不定时工作制，但是并未经过劳动行政部门审批，所以是无效的。根据《劳动法》相关规定，该公司应该补偿张淼相应加班费用。而且，不管采取哪一种工时制度，该公司都不能剥夺员工的休息时间，因此该公司需要对张淼进行经济补偿。

根据以上案例，企业管理者和人力资源负责人应当提升法律意识，合理设定员工工作的工时制度，并依法对工时进行管理，减少不必要的法律风险。

4.并不是所有岗位都适用不定时工作制。

有些岗位适用不定时工作制,有些岗位并不适用这一工时制度。一般来说,高级管理人员、外勤人员、推销人员、长途运输人员、出租汽车司机、部分货物装卸人员,以及一些从事特殊工作的职工,适合不定时工作制。另外,实行计件工作的劳动者,也适用不定时工作制。

因此,企业管理者和人力资源负责人还需要注意一点,并不是企业想采取不定时工作制就可以的,只有客观情况不允许实行标准工时制的岗位和职务,才能进行申请。如果某岗位的员工不属于适用不定时工作制的人员,企业却与其约定采用不定时工作制,便涉嫌侵犯员工的合法权益,将承担相应的法律后果。

比如,某公司聘用一批销售人员和网络管理人员,前者适用不定时工作制,后者则不适用。如果该公司为了不支付员工加班费,与网络管理人员约定采用不定时工作制,那么即便与员工达成协议,双方签订了劳动合同,一旦员工反悔,申请劳动仲裁,企业也需要承担法律后果,按照其超额完成的工作量来补发加班费。

总之,企业在实行不定时工作制时一定要提高警惕,避免一些不规范不合法的做法。

法条链接

《中华人民共和国劳动法》

第三十六条 国家实行劳动者每日工作时间不超过八小时、平均每周工作时间不超过四十四小时的工时制度。

第三十七条 对实行计件工作的劳动者,用人单位应当根据本法第三十六条规定的工时制度合理确定其劳动定额和计件报酬标准。

> **第三十八条** 用人单位应当保证劳动者每周至少休息一日。
>
> **第三十九条** 企业因生产特点不能实行本法第三十六条、第三十八条规定的，经劳动行政部门批准，可以实行其他工作和休息办法。

第3节 合理安排加班

加班是指除法定或国家规定的工作时间之外，正常工作日的延长工作时间，或者双休日和国家法定假期期间延长的工作时间。

加班，可分为工作日加班、休息日加班和法定节假日加班。不同工时制度下，对于加班的认定是不同的。根据《劳动法》《工资支付暂行规定》等相关法律法规，在标准工时制度下，员工当天的工作时间超过8小时之后的延长工时，属于加班；周末双休的岗位，企业在周六日安排员工工作，或者员工主动工作，也属于加班；法定节假日也是如此。在不定时工时制下，不存在工作日加班和休息日加班，但是企业要安排员工在法定节假日工作，就需要参考当地的相关规定。比如，在深圳，企业安排员工在法定节假日工作，就需要按照不低于员工正常工作时间工资的300%支付加班费。而在综合工时制下，综合计算工作时间超过法定标准工作时间的部分，便属于加班。

虽然为了提升业绩、完成生产经营目标，企业无法避免安排员工加班，但是如果不能合理安排加班时间，或者对于加班工资的发放安排不合理，也会给企业带来风险。比如，企业为了赶工期，随意让员工加班且加班时间过长，便侵犯了员工的休息权，将承担相应的法律责任。

阮敬在一家食品生产加工厂工作，夏天临近的时候，由于订单量飞涨，工厂管理者在6到9月期间，安排标准工时制的员工每天加班3小时，下午6点下班改为晚上9点下班，周末只休息1天。为了提升业绩，拿到较高的薪酬，阮敬等员工也没有怨言，每天都加班加点地完成工作任务。

两个月后，公司又接到两份加急订单。由于任务量加重，公司人手又有限，工厂管理者便要求员工每天再多加1个小时班，且取消周末休假。原本员工已经加班加点干了两个月，出现身体疲惫、精力不足等情况，现在又要加大工作强度、延长工作时间，自然都不愿接受了。

阮敬也不愿意再加班，于是向管理者请求每天只上8小时班，谁知管理者直接表示："你不愿意加班，就不用干了。"阮敬听了很气愤，向劳动保障监察大队进行了投诉。

很明显，该公司的做法是不符合法律规定的。根据《劳动法》第四十一条规定，企业由于生产经营需要不得不安排员工加班时，需要先和劳动者及工会协商，共同确定加班工作时间。一般每日加班时间不得超过1小时，由于特殊原因必须延长工作的，在保障劳动者身体健康的条件下，每日加班时间不得超过3小时，但是每月不得超过36小时。

原本阮敬等员工每天加班3小时，周六加班9小时，加班时长明显超过每月36小时。这种情况下，工厂还要延长加班1小时，且取消休息日，这种行为严重违反法律规定。且该该工厂管理者明显有强迫员工加班的行为，也是违法的。因此，劳动保障监察大队对该工厂给予警告，责令限期改正，并处以罚款。

所以说，企业在安排员工加班时，切不可因为"时间紧、任务重""订单多"等原因，强迫员工无限度地加班，更不能不与工会和劳动者协商就单方面强制员工加班，否则就会引起劳动纠纷，并承担相应法律责任。

同时，企业管理者和人力资源负责人还需要注意一点：安排员工加班，必须依法支付相应的加班费。在休息日安排员工加班的，支付不低于200%正常报酬的加班工资；在法定节假日安排员工加班的，支付不低于300%正常报酬的加班工资。

如果企业安排员工在休息日加班，但是不能安排补休，可以安排员工调休。安排调休，可以让企业在一定程度上减少加班费的支付。但是，法定节假日，比如10月1日、2日、3日，是不能调休的，需要支付员工不低于正常报酬300%的加班费。

法条链接

《中华人民共和国劳动法》

第四十一条 用人单位由于生产经营需要，经与工会和劳动者协商后可以延长工作时间，一般每日不得超过一小时；因特殊原因需要延长工作时间的，在保障劳动者身体健康的条件下延长工作时间每日不得超过三小时，但是每月不得超过三十六小时。

第四十四条 有下列情形之一的，用人单位应当按照下列标准支付高于劳动者正常工作时间工资的工资报酬：

（一）安排劳动者延长工作时间的，支付不低于工资的百分之一百五十的工资报酬；

（二）休息日安排劳动者工作又不能安排补休的，支付不低于工资的百分之二百的工资报酬；

> （三）法定休假日安排劳动者工作的，支付不低于工资的百分之三百的工资报酬。

第4节　综合计算工时工作制

　　除了标准工时制、不定时工作制，企业还可以选择综合计算工时制。综合计算工时制，就是企业以标准工时为基础，以一定的期限为周期综合计算工作时间的工时制度。一般来说，以周、月、季、年等为周期，不过平均日工作时间和平均周工作时间应当与法定标准工作时间基本相同。

　　与不定时工时制一样，企业需要符合法律规定的标准，并经劳动保障行政部门批准才可以实行综合计算工时制。也就是说，在综合计算周期内，员工在具体某一日的实际工作时间可以超过8小时，但是平均每周的工作时间不得超过40小时，超过的工作时间应该视为延长工作时间，企业需要按照劳动法规的规定支付员工相应的报酬。比如，企业以周安排综合工时制，安排员工周一工作10小时，周二工作9小时，周三工作11小时，周四工作10小时，其他时间休息。一周工作时间不超过40小时，就是符合法律规定的。以月、季度、年为周期的，也是如此。

　　因为工作周期为周、月、季、年，所以企业计算工资和休息时间，也应当以月、季、年等周期为标准，并合理安排员工的休息时间。一旦企业随意安排综合计算工时制，并以此为理由拒绝员工的休息请求，便侵犯了员工的合法权益，可能引发劳动纠纷。

某制糖工厂因为生产季节性较强，经当地劳动保障部门批准，实行以季度为周期的综合计算工时制，安排员工每季度总工作时间为600小时。根据企业实际生产经营情况，企业管理者要求员工第四季度的10月和11月连续生产两个月，12月整月休息，生产期间员工需要24小时轮班，一周上七天班。

然而，这一年因为订单比较多，该工厂员工连续工作了三个月都没有休息，总工作时间超过900小时。该工厂一名员工提出休息一周的要求，管理者却认为企业订单较多，生产任务尚未完成，员工不能要求休息，因为该企业实行的是综合计算工时制。

显然，该制糖工厂的做法是不合法的。经劳动保障部门批准和员工同意，安排员工在该季度的前两个月完成600小时的工作，然后安排12月整月休息，是合法的。工作时间超过核定的总工时后，应当视为延长工作时间，公司需要给员工发放加班工资。该公司不但延长员工工作时间，不发放加班工资，还拒绝其休假一周的请求，已经违反了法律的相关规定。因此，该公司应当立即给员工补上休假时间，并补发加班工资。

另外，实行综合计算工时制，是不是意味着员工就不可以在法定节假日休息了呢？如果法定节假日休息，那么工时又如何进行综合计算呢？根据法律规定，综合计算工时制法定休假日休息应该按照出勤支付工资，企业安排工作的按不低于工资的300%支付工资报酬，同时，平均每月延长工作时间不得超过36小时。

比如，2022年我国法定节假日为11天；员工全年平均工作天数为：365－104（休息日）－11（法定休假日）＝250天；季工作日：250天÷4

=62.5天；月工作日：250天÷12≈20.83天；工作小时数=工作日（月、季、年）×8。

为规避用工风险，实行综合计算工时制时，企业管理者和人力资源负责人需要注意以下几点，如图3-3所示。

不意味着不存在加班

高强度体力劳动有时限

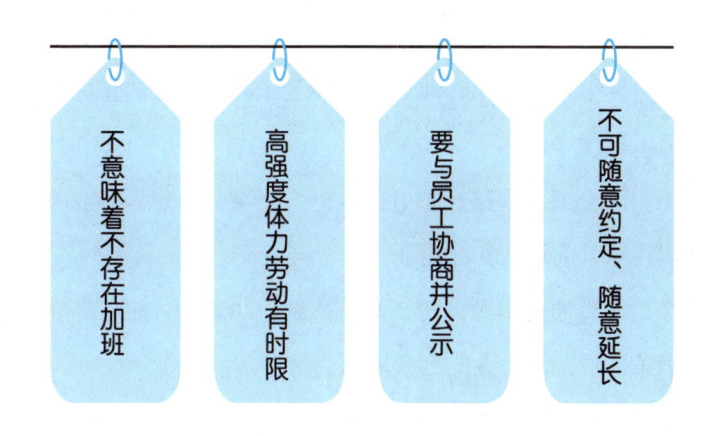

要与员工协商并公示

不可随意约定、随意延长

图3-3　实行综合计算工时制要注意的四点

1.实行综合计算工时制，不意味着不存在加班。

只要综合计算周期内的总实际工作时间超过法定标准工作时间，便视为延长工作时间，企业需要支付劳动者不低于工资的150%的工资报酬。遇到法定节假日，则需要支付劳动者不低于工资的300%的工资报酬。

2.从事高强度体力劳动工作的员工，每日连续工作时间不得超过11小时，每周至少休息1天。

3.实行综合计算工时工作制，应当与工会、员工进行协商，并向全体员工公示。

4.不得随意与员工约定综合计算工时制，不得随意延长工作时间。

> **法条链接**
>
> 《关于企业实行不定时工作制和综合计算工时工作制的审批办法》
>
> 第五条 企业对符合下列条件之一的职工，可实行综合计算工时工作制，即分别以周、月、季、年等为周期，综合计算工作时间，但其平均日工作时间和平均周工作时间应与法定标准工作时间基本相同。
>
> （一）交通、铁路、邮电、水运、航空、渔业等行业中因工作性质特殊，需连续作业的职工；
>
> （二）地质及资源勘探、建筑、制盐、制糖、旅游等受季节和自然条件限制的行业的部分职工；
>
> （三）其他适合实行综合计算工时工作制的职工。

第5节　正确处理员工的病假

在日常工作中，员工难免有个头疼脑热等身体不舒服的情况，这时就需要向企业请病假了。但是，对于企业来说，员工如果频繁请假的话，势必会影响工作效率和团队协作。如果员工虚报病假，或未请病假私自离岗，还会给企业带来一定经济损失，给员工管理带来不良影响。那么，员工请病假，企业可以不批准吗？

虽然《劳动法》中并未对病假做具体规定，但是从员工管理角度出发，员工身体出现问题需要请病假，企业应当予以批准。为了避免员工虚报病假，或者未请病假私自离岗，企业管理者和人力资源部门可以利用规章制度来规范请假程序。比如，先提交申请，经人力资源部门审批后方可休假；如果没办法事先申请，可以通过电话或委托他人进行申请；病假结束后，到人力资源部门销假，并提供病假证明、医生诊断证明或检查单据等；一旦发现员工虚假请假，或者伪造病假证明，可以视同旷工进行罚款，甚至解除劳动合同。

但是，这样做也是有一定法律风险的，如果企业管理者和人力资源部门不能证明员工虚报病假，或伪造病假证明，那么就可能导致劳动纠纷。

某公司员工于毅通过电话向人力资源负责人请了一个星期病假，事后提供了病假证明和诊断证明。人力资源负责人发现病假证明好像有涂改痕迹，便怀疑于毅虚报病假，伪造了病假证明。该公司管理者以此为由将于毅辞退，于毅不服，向当地劳动争议仲裁委员会申请仲裁。最终，该公司因为无法出具切实证据证明于毅伪造病假证明、虚报病假，导致仲裁败诉。

需要注意的是，从法律角度来说，职工患病医疗期一般是指员工因病或非工伤原因，停止工作治病休息，不得解除劳动合同的时限。医疗期的长度是根据员工工作的年限来计算的。一般来说，企业需要给予3个月到24个月的医疗期。在规定的医疗期内，企业不能不批员工的病假，也不能单方面与员工解除劳动合同。如果医疗期满，员工不能从事原工作，也不能从事企业另行安排的工作，企业可以依法与其解除劳动合同。

现实生活中，员工只是因为感冒、发烧短时间休假一两天或一周，则属于普通的请病假，并不需要按照医疗期来计算。

法条链接

1.《中华人民共和国劳动法》

第二十六条　有下列情形之一的，用人单位可以解除劳动合同，但是应当提前三十日以书面形式通知劳动者本人：

（一）劳动者患病或者非因工负伤，医疗期满后，不能从事原工作也不能从事由用人单位另行安排的工作的；

（二）劳动者不能胜任工作，经过培训或者调整工作岗位，仍不能胜任工作的；

（三）劳动合同订立时所依据的客观情况发生重大变化，致使原劳动合同无法履行，经当事人协商不能就变更劳动合同达成协议的。

2.《企业职工患病或非因工负伤医疗期规定》

第二条　医疗期是指企业职工因患病或非因工负伤停止工作治病休息不得解除劳动合同的时限。

第三条　企业职工因患病或非因工负伤，需要停止工作医疗时，根据本人实际参加工作年限和在本单位工作年限，给予三个月到二十四个月的医疗期：

（一）实际工作年限十年以下的，在本单位工作年限五年以下的为三个月；五年以上的为六个月。

（二）实际工作年限十年以上的，在本单位工作年限五年以下的为六个月；五年以上十年以下的为九个月；十年以上十五年以下的为十二个月；十五年以上二十年以下的为十八个月；二十年以上的为二十四个月。

第6节　正确处理员工的婚丧假

根据《劳动法》规定，劳动者在婚丧假期间，企业应当依法支付工资。也就是说，员工依法享受婚丧假，并享有带薪休假的权利。虽然对于婚丧假的具体天数没有确切规定，各地的情况不同，其标准也有所不同，但一般来说，企业应当根据当地规定酌情给予1天到3天假期。

婚假，是员工本人结婚依法享受的假期。除了普通婚假，部分地区还设置了晚婚假，同样因为各地方规定不同，晚婚假的天数也有所不同。

其次是关于丧假的情况，如果员工直系亲属死亡，企业应当根据实际情况酌情给予员工1天到3天的丧假。如果直系亲属在外地，需要员工到外地料理丧事的，应当根据路程远近，另外给予路程假。在休丧假和路程假期间，企业应当照常给员工发放工资。

需要注意的是，直系亲属是指与员工自身有直接血缘关系或婚姻关系的人，即配偶、父母、子女。对于超出这一范畴的亲属，企业可以自行决定是否给予员工丧假。事实上，按照我国的风俗，公婆或岳父母等祖辈去世，晚辈是必须参加葬礼的。很多企业也将公婆或岳父母等祖辈去世，列入员工可享受的丧假范围。如果一些企业未将此列入丧假范围，不但不允许员工带薪休假，甚至不允许员工请事假，也容易引起劳动纠纷。

某企业员工方远因为爷爷突然去世，向公司请丧假三天。谁知，公司老板断然拒绝："不可以。因为这段时间是业务最忙的时候，你请假了，项目耽搁了，你能负责吗？"方远表示："我回来后可以加班加点工作，保证不耽误项目进度。"老板依旧不同意，说："公司规定，只有直系亲属去世，员工才可以休丧假……"

方远："那是我爷爷，是最亲的人。如果你不批丧假，我可以请事假。"接着，方远按照公司相关规定走流程来请事假，仍遭到老板拒绝，老板还表示如果方远请事假，便算其旷工，扣除当月奖金。方远一气之下提出离职，并将此事发到网络上。

其实，作为公司管理者，对员工请丧假做出如此反应是不合理的、缺乏人性化的。同时，方远请事假，老板不批准并算旷工、扣奖金的行为，也可能导致方远向当地劳动争议仲裁委员会申请仲裁。

因此，在处理员工婚丧假时，企业需要谨慎小心，避免做出不合适的反应。

法条链接

1.《关于国营企业职工请婚丧假和路程假问题的通知》

职工本人结婚或职工的直系亲属（父母、配偶和子女）死亡时，可以根据具体情况，由本单位行政领导批准，酌情给予1天至3天的婚丧假。职工结婚时双方不在一地工作的；职工在外地的直系亲属死亡时需要职工本人去外地料理丧事的，都可以根据路程远近，另给予路程假。在批准的婚丧假和路程假期间，职工的工资照发。途中的车船费等，全部由职工自理。

2.《工资支付暂行规定》

第十一条　劳动者依法享受年休假、探亲假、婚假、丧假期间，用人单位应按劳动合同规定的标准支付劳动者工资。

第7节　合理安排员工的年休假

员工在企业连续工作1年以上，依法享受休年假的权利。在年休假期间，企业应当照常支付工资。如果企业管理者或人力资源负责人以业务繁忙或其他理由拒绝员工的年休假请求，便违反了《劳动法》的相关规定，将承担相应法律责任。

根据《职工带薪年休假条例》规定，员工累计工作1年不满10年的，年休假5天；已满10年不满20年的，年休假10天；已满20年的，年休假15天。休假期间，可以享受与正常工作期间相同的工资，同时，国家法定休假日、休息日不计入年休假的假期。

王丽丽是某贸易公司的销售经理，已经在该公司工作6年时间。2022年5月，王丽丽想与男友出国旅游，于是向公司提出休年假的请求，年假5天加五一假期5天共计10天。公司领导以工作忙为由拒绝批准王丽丽的假期，之后只批准2天年休假，并表示："你这次可以休假7天，已经不少了。要知道现在是公司最忙的时候，如果你执意休10天，公司只能辞退你了！"

王丽丽不满，认为自己有权要求公司给予自己5天的年休假，于是向当地劳动争议仲裁委员会申请仲裁。经调查，劳动争议仲裁委员会认为，王丽丽已经在该公司工作6年，根据法律规定应当享有5天的年休假。该公司"工作忙""假期已经有7天"的理由是不正当的，且以"员工执意休年假"为理由与其解除劳动合同的行为已经严重违反了《劳动法》。

员工依法享受年休假，如果企业强行不批准员工休假，便将承担法律风险。那么，年假是不是只能在本年度休完？如果年假没来得及休，就只能"过期作废"吗？

并不是。法律并未明确规定休假必须在同一年度进行。员工的年假可以在一个年度连续休假，也可以分段休假。如果企业生产情况特殊、员工岗位特殊，也可以跨一个年度来休假。企业不能以跨年为理由，将员工的年休假清零。

需要注意的是，经双方协商一致，企业无法安排员工补休年假，就必须依法支付加班费，依据应休未休的年休假天数，支付员工日工资收入的3倍来作为年休假工资报酬。比如，王丽丽享受5天的年休假，2023年因为业务繁忙导致公司未能安排其休假，且其本人也同意不补休年假，那么，公司应当支付其日工资收入的3倍作为年休假工资报酬。

此外，为规避法律风险，企业管理者和人力资源负责人还需要注意以下问题，如图3-4所示。

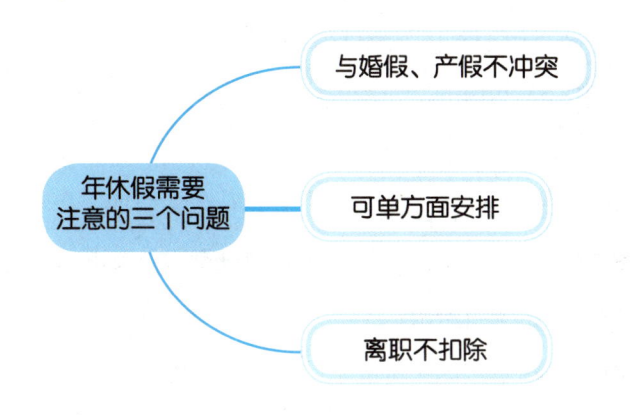

图 3-4　年休假需要注意的三个问题

1.当年度婚假、产假与年休假是不冲突的，员工当年休了婚假、产假，还可以再休年假。

2.企业可以单方面安排员工休年假，不过需要留存通知记录。

3.员工离职时，已休年假是不可以扣除的。

法条链接

1.《中华人民共和国劳动法》

第四十五条　国家实行带薪年休假制度。

劳动者连续工作一年以上的，享受带薪年休假。具体办法由国务院规定。

2.《职工带薪年休假条例》

第二条　机关、团体、企业、事业单位、民办非企业单位、有雇工的个体工商户等单位的职工连续工作1年以上的，享受带薪年休假（以下简称年休假）。单位应当保证职工享受年休假。职工在年休假期间享受与正常工作期间相同的工资收入。

第三条 职工累计工作已满1年不满10年的，年休假5天；已满10年不满20年的，年休假10天；已满20年的，年休假15天。

国家法定休假日、休息日不计入年休假的假期。

第五条 单位根据生产、工作的具体情况，并考虑职工本人意愿，统筹安排职工年休假。

年休假在1个年度内可以集中安排，也可以分段安排，一般不跨年度安排。单位因生产、工作特点确有必要跨年度安排职工年休假的，可以跨1个年度安排。

单位确因工作需要不能安排职工休年休假的，经职工本人同意，可以不安排职工休年休假。对职工应休未休的年休假天数，单位应当按照该职工日工资收入的300%支付年休假工资报酬。

第四章

薪酬福利：兼顾员工和企业的重要工具

科学合理的薪酬福利制度不仅能为企业吸引人才，还可以促进企业长期稳步发展。企业管理者和人力资源负责人设计薪酬福利时，要根据企业实际经营情况和岗位责任来选择合适的薪酬结构体系，更要依照国家相关法律规定来执行。

第1节　选择合适的薪资结构

薪酬与员工利益息息相关，也是员工最为关注的问题之一。所以，企业管理者和人力资源负责人应当明确员工的薪酬结构，设计合理的薪酬结构体系，这样一来既能调动员工的工作积极性，又能避免给企业的管理带来问题和隐患。

在符合相关法律法规的前提下，企业可以自主决定薪资结构，不过大多数企业往往采取这几种常见类型，如图4-1所示。

```
                    ┌─ 固定工资制
                    │
                    ├─ 基本工资+浮动工资
   常见的薪资结构 ──┤
                    ├─ 底薪+提成
                    │
                    └─ 年薪制
```

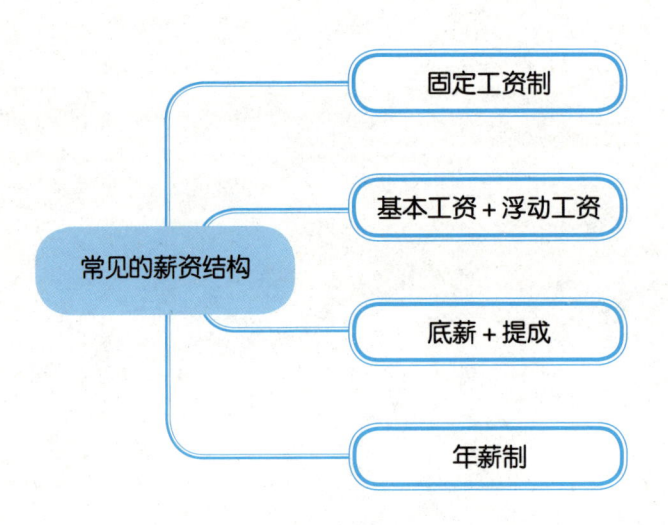

图4-1　四种常见的薪资结构

固定工资制，顾名思义就是员工的工资数额是固定的，一旦在劳动合同中明确约定，便不会轻易进行调整。当然，根据员工的工作表现、工作年限，企业管理者可以给员工加薪。

基本工资＋浮动工资的形式也非常常见，企业通常会将员工的薪资拆分成多个部分，如基本工资、绩效奖金、工龄工资、月度奖金、岗位补助、其他津贴，利用浮动工资来激励员工。

底薪＋提成的形式是企业与员工约定一个基本薪资，然后根据其工作表现、绩效来决定提成。销售类岗位往往采取这样的薪酬结构。

年薪制员工的薪酬待遇是与企业经营业绩挂钩的。企业的中高层管理者往往采取年薪制。

上述几种工资结构中，固定工资制适合工作内容单一的岗位，比如行政岗等。它的工资核算比较简单，只要企业依法发放员工工资便不会产生什么问题。而基本工资＋浮动工资、底薪＋提成工资的形式，如果企业设计不合理，比如绩效的标准约定模糊，或者对于奖金的给予标准约定模糊，便容易出现劳动纠纷。

某销售公司招聘员工时采取的是基本工资＋浮动工资的薪资结构，即实际工资包括基本工资、技术工资、工龄奖金、项目奖金、岗位补助以及其他津贴。但是，该公司并不是所有岗位都属于销售岗，还有一些行政类岗位。为了方便进行员工管理，公司管理者决定对行政人员也采取基本工资＋浮动工资的薪资结构。这样一来便形成一种现象：即行政人员每月只能拿到基本工资、全勤奖金、通信交通补助等薪资，工资水平普遍比较低，以至于人员流失非常严重，影响了公司的正常运转。

同时，该公司的劳动合同中对于技术工资、项目奖金的约定也是比较模糊的，如对技术工资的约定，只规定每年根据技术水平高低发放奖金，却没有明确具体的发放标准；对于员工的发明专利，拒绝支付"一奖两酬"；约定项目完不成，要扣除一定额度的项目奖金，但扣除的标准却不明确等。

除此之外，一旦员工离职或发生工伤，也是按照员工的基本工资向其支付赔偿或补助金，而不是按照实际工资来支付。

本案例中，该企业的薪资结构设计是不合理的，相关约定模糊必然会给企业带来不小的法律风险。因此，企业在设计员工薪资结构时，应该注意以下几点：

1.明确工资的具体含义。

按照《劳动法》规定，工资是用人单位依据国家有关规定或劳动合同的约定，以货币形式直接支付给本单位劳动者的劳动报酬，一般包括计时工资、计件工资、奖金、津贴和补贴、延长工作时间的工资报酬以及特殊情况下支付的工资等。

也就是说，工资是企业支付给员工的全部劳动报酬的总和。因此，在处理相关问题时，企业管理者和人力资源部门不能只将它认定为基本工资。

2.科学定岗，做到人岗匹配。

做到人岗匹配，可以让人才发挥所长，提高工作效率，同时也可以避免一些问题的产生。

3.明确薪酬标准和绩效考核标准。

企业制定的薪酬制度不仅要符合相关法律法规的规定，更要明确、具体，避免约定不明、出现歧义的情况。

总之，对于企业和员工来说，薪酬都是至关重要的。企业一定要做好员工的工资管理，防范可能会产生的法律风险。

法条链接

1.《关于工资总额组成的规定》

第四条 工资总额由下列6个部分组成：

（一）计时工资；

（二）计件工资；

（三）奖金；

（四）津贴和补贴；

（五）加班加点工资；

（六）特殊情况下支付的工资。

2.《中华人民共和国劳动法》

第四十七条 用人单位根据本单位的生产经营特点和经济效益，依法自主确定本单位的工资分配方式和工资水平。

第2节 合法发放员工工资

关于工资的发放，一些企业的工资发放方式、发放时间看似合理，但实际上违反了相关法律的规定。比如，一些企业未按时发放工资，一些企业在劳动合同中约定的工资低于国家最低工资标准，一些企业以实物的形式发放工资等。这些行为都不符合法律的规定，往往会引起员工不满，导致发生劳动纠纷。

案例一：2022年1月，田雨到某物流公司应聘司机，双方签订为期三年的劳动合同，每月工资为6500元，发放日期为每月10日。然而，工作半年后，公司却以业务减少、资金周转困难为由，每月只发放80%的工资，剩下的20%在年底结清。为了维持生活，田雨心中虽有不满，但只能同意公司的提议。

2022年11月，田雨提出解除劳动合同，公司表示同意。几日后，田雨到公司办理离职手续，要求补发7月到11月的工资共6500元。公司管理者却拒绝了田雨，表示需要到年底才能一次性领取剩余工资。

田雨非常不满，当即向当地劳动争议仲裁委员会申请仲裁，要求公司立即补发所欠的工资，并按照国家规定支付相应的经济补偿金。

案例二：某陶瓷厂因经营不善而连月亏损，无法按照合同约定支付员工的工资。为解决员工工资问题和产品积压问题，该厂将生产的陶瓷碗以每箱50元的价格抵给员工作为工资。员工莉莉在公司工作一年，只拿到10个月的工资，其余两个月的工资都被用陶瓷碗抵扣了。莉莉不同意这一方案，她说："现在我们连基本生活都维持不了，还要被克扣工资吗？我只要工资，不要这些碗。"

公司管理者表示："现在公司确实有困难，你们应该和公司共渡难关。再说了，这些陶瓷碗的市场价格都在200元以上，若是销售出去，你们还可以赚一笔……"

丽丽仍不同意，与公司协商无果后，向劳动争议仲裁委员会申请了仲裁。

上述两个案例中，企业的做法都是违法的。

案例一中，企业并未按照约定按时、足额地支付员工工资，已经违反了《劳动法》第五十条的规定。按照《劳动合同法》第八十五条的规定，企业除了要支付逾期未支付的工资，还需要支付给员工经济赔偿。同时，员工也有权利要求与该企业解除劳动合同。

案例二中，企业将生产的产品抵作工资的行为，违反了《工资支付暂行规定》第五条的规定：工资应当以法定货币支付。不得以实物及有价证券替代货币支付。当然，客观原因导致企业逾期支付或未足额支付的，不构成拖欠、克扣工资的行为。一些地方的法律法规也做了规定，在这种情况下，企业可以与员工商议延期支付，比如延期五日。但是，不管何时，企业都不能以非货币形式来支付工资。

那么，企业多久没发放工资才算是拖欠呢？按照《劳动法》规定，按月支付的工资应当以月薪的形式发放，每月至少发放一次；如果遇到法定节假日或休息日，应当提前在最近的工作日支付，不能往后推，否则就涉嫌拖欠了。

法条链接

1.《中华人民共和国劳动法》

第五十条 工资应当以货币形式按月支付给劳动者本人。不得克扣或者无故拖欠劳动者的工资。

2.《工资支付暂行规定》

第五条 工资应当以法定货币支付。不得以实物及有价证券替代货币支付。

3.《中华人民共和国劳动合同法》

第八十五条 用人单位有下列情形之一的，由劳动行政部门

> 责令限期支付劳动报酬、加班费或者经济补偿；劳动报酬低于当地最低工资标准的，应当支付其差额部分；逾期不支付的，责令用人单位按应付金额百分之五十以上百分之一百以下的标准向劳动者加付赔偿金：
>
> （一）未按照劳动合同的约定或者国家规定及时足额支付劳动者劳动报酬的；
>
> （二）低于当地最低工资标准支付劳动者工资的；
>
> （三）安排加班不支付加班费的；
>
> （四）解除或者终止劳动合同，未依照本法规定向劳动者支付经济补偿的。

第3节 注意年薪制的纠纷

年薪制是以年为单位核算员工工资，其工资金额一般由企业的经营业绩来决定。一般来说，年薪制适用于企业的中层和高层管理者，以及核心科研人才、营销人才、项目管理人员、业务骨干等。这些人才能力强，能为公司创造较大的价值，在工作中需要更多的激励，而不是简单直接的管理。

从积极的方面来说，年薪制具有激励性、约束性和共存性，可以将员工的才能、责任感都激发出来，让员工把个人利益与企业利益统一起来，进而实现企业和个人利益的最大化。不过，年薪制也具有周期比较长和金额不确定的缺陷，如果企业管理者和人力资源部门操作不当，就容易给企业带来一些风险和问题。

当然，年薪制并不是一年只发一次工资。也就是说，虽然年薪是在年终结算的，但仍需按月预付，不能只在年底一次性全部发放。

案例一：2021年初，周美成为一家美容院的高级美容师，与公司签订为期三年的劳动合同，约定实行年薪制，每年年薪为12万元；月薪按照5000元的标准预付，剩余部分在年底结算，并额外发放奖金。2022年由于市场不景气，周美只完成一半的年度任务目标，且销售业绩较前一年明显下滑。2022年底，美容院老板以业绩不达标为由将周美辞退，并拒绝支付剩余的年薪工资。

周美拒绝与美容院解除劳动合同，并表示公司无权扣除自己的年薪。双方协商未果，周美向当地劳动争议仲裁委员会申请仲裁。经仲裁委员会调查审理，认定年薪是与业绩挂钩的，周美未完成年底业务目标，剩余的工资理应按照业绩考核的实际情况和本年度工作时间核算，然后依法发放。同时，在劳动合同期内，美容院单方面解除劳动合同的行为是不合法的，所以应当支付周美相应的赔偿金。

案例二：大麦在一家公司任职，签订了为期三年的劳动合同，约定实行年薪制。期间，由于想与男友结束异地恋，前往男友所在城市定居，大麦向公司递交了书面辞呈，言明将在一个月后离职。虽然公司老板一再挽留，但是大麦心意已决，拒绝了公司老板的挽留。见此，公司老板不得不同意大麦辞职，但是以其工作时间未满一年为由拒绝发放该年度工作期间的工资。

大麦经仲裁后，向人民法院提起诉讼，要求公司支付剩余部分工资。根据《劳动合同法》规定：劳动者提前三十日以书面形式通知用人单位，可以解除劳动合同；劳动者在试用期内提前三日通知用人单位，可以解除劳动合同；用人单位拖欠或者未足额支付劳动报酬的，劳动者可以依法向当地人民法院申请支付令，人民法院应当依法发出支付令。因此，经审理，人民法院判定大麦可以与该公司解除劳动合同，同时，该公司需要支付应该支付的工资。

年薪制的纠纷，是劳动纠纷的常见情况。实施年薪制时，企业在劳动合同中约定年底发放剩余工资，却以业绩不达标为由拒绝发放，明显是违法的行为。因此，在实际操作中，企业管理者和人力资源负责人应当谨慎合理地选择年薪制，并做到依法发放员工的薪酬。

除此之外，在员工提供正常劳动、完成业绩目标时，企业不能以各种理由对员工进行减薪，不能用拒发年薪的方式来限制员工辞职，否则就涉嫌违法扣减员工工资了。

企业管理者和人力资源负责人应当正确认识年薪制，提高法律意识和风险防范意识，规避不必要的法律纠纷。

法条链接

1.《中华人民共和国劳动合同法》

第三十条　用人单位应当按照劳动合同约定和国家规定，向劳动者及时足额支付劳动报酬。

用人单位拖欠或者未足额支付劳动报酬的，劳动者可以依法向当地人民法院申请支付令,人民法院应当依法发出支付令。

2.《中华人民共和国劳动法》

第九十一条 用人单位有下列侵害劳动者合法权益情形之一的,由劳动行政部门责令支付劳动者的工资报酬、经济补偿,并可以责令支付赔偿金:

(一)克扣或者无故拖欠劳动者工资的;

(二)拒不支付劳动者延长工作时间工资报酬的;

(三)低于当地最低工资标准支付劳动者工资的;

(四)解除劳动合同后,未依照本法规定给予劳动者经济补偿的。

第4节　不可随意调岗、降薪

对于调岗、降薪,员工是非常敏感的。企业如果不能合理合法地处理这一问题,便容易与员工产生纠纷,承担经济赔偿责任。当然,并不是说企业不可以对员工进行调岗、降薪,而是说企业想要对员工进行调岗、降薪,就必须遵守《劳动法》《劳动合同法》以及相关规定,即满足以下某个条件,如图4-2所示。

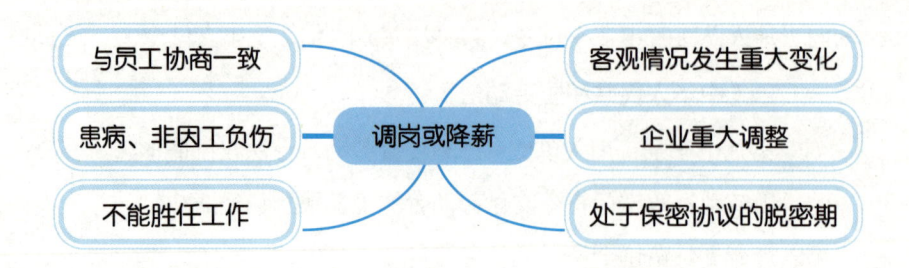

图 4-2 调岗、降薪的六种前提条件

1.与员工协商一致，双方就劳动合同的内容进行变更。

2.员工患病或非因工负伤，在规定的医疗期满后不能从事原工作。

3.员工不能胜任工作。前提是企业一定要提前确定好岗位职责，设立绩效评估部门，对员工业绩及时作出评价和考核，充分证明员工不能胜任该工作。

4.劳动合同订立时所依据的客观情况发生重大变化，导致劳动合同无法履行。当然，这里的"客观情况发生重大变化"不是企业来界定的，同时，企业需要提前30天以书面形式通知员工本人。

5.企业因转产、重大技术革新或经营方式调整，而变更劳动合同时，可以对员工进行调岗。

6.企业与员工签订脱密期保密协议时，员工提出辞职，企业可以调整其工作岗位。

除此之外，企业在任何情况下都不得随意地调整员工的工作岗位和工资，更不能不经员工同意就单方面决定实施调岗、降薪措施，否则将面临一定的法律后果。

案例一：赵宇是某化妆品销售公司的销售经理，每月基本工资5000元，完成绩效后按照一定比例进行提成。2022年初，因为市场不景气和业务开展缓慢,赵宇所领导的部门在7月至9月连续三个月未完成绩效。于是,公司老板将赵宇降职为销售主管,每月基本工资降为4000元,绩效提成比例也有所降低。

赵宇不同意,表示:"现在行业环境不好,很多化妆品销售公司的业绩都大幅度下滑。公司不能仅凭我们部门短时间未完成绩效就给我降职降薪,这是不公平的。"但是公司老板坚持认为赵宇不能胜任工作,降职降薪也是理所应当的。

案例二:薛曼是某装饰公司设计师,与公司签订为期五年的劳动合同,每月底薪8000元,同时按照每月订单总额的5%提取奖金。一开始,薛曼只是小设计师,名气不高,订单不多,所以给公司带来的经济效益并不好,薪酬待遇也不高。

三年后,薛曼凭借才华获得越来越多客户的青睐,订单量不断提升,自然薪酬待遇也飞速增长。此时,公司老板心理不平衡了,于是未经薛曼同意就单方面将其提成改为2%。薛曼非常不满,认为劳动合同还有两年到期,公司不能随意擅自变更自己的薪酬。于是,她立即向当地劳动争议仲裁委员会申请仲裁,要求公司按照原来约定的比例结算工资,并补发少发的奖金。

以上案例中的两个公司都是在不符合法律规定的情况下,擅自调整员工的工作岗位和工资,属于单方面调岗降薪的违约行为。案例一中,赵宇虽然连续三个月未完成绩效,但是该公司未能拿出切实、充分的证据证明他不能胜任工作。一旦赵宇向劳动仲裁部门提出仲裁请求,公司可能需要支付经济补偿金。而案例二中,该公司老板未经薛曼同意,就单方面改变其工资的结算方式,也需要承担仲裁诉讼的后果。

所以说,在调整员工工作岗位和工资这个问题上,企业管理者和人力资源部门一定要谨慎再谨慎，依法行事，依规操作，切不可违法进行调岗降薪。

> **法条链接**
>
> 1.《中华人民共和国劳动法》
>
> **第十七条** 订立和变更劳动合同，应当遵循平等自愿、协商一致的原则，不得违反法律、行政法规的规定。
>
> 劳动合同依法订立即具有法律约束力，当事人必须履行劳动合同规定的义务。
>
> 2.《中华人民共和国劳动合同法》
>
> **第二十九条** 用人单位与劳动者应当按照劳动合同的约定，全面履行各自的义务。
>
> **第三十条** 用人单位应当按照劳动合同约定和国家规定，向劳动者及时足额支付劳动报酬。
>
> 用人单位拖欠或者未足额支付劳动报酬的，劳动者可以依法向当地人民法院申请支付令，人民法院应当依法发出支付令。

第5节 合理发放年终奖

奖金也是员工工资总额的组成部分，而年终奖是企业在年末时发给员工的奖金，是奖金中的一种。因为发放年终奖并不是企业的法定义务，国家相关法律并未明确规定发放的资格标准和数额多少，所以企业可以自行做出规定，明确发放的条件和方式。

一般来说，年终奖可以有以下发放形式：一是采取13薪或14薪的方式，只要员工工作满1年以上，且年底仍然在岗，便可以获得；二是根据个人年底绩效考核结果和公司业绩，发放绩效奖金；三是发红包、抽奖等方式。

虽然企业可以自主决定年终奖的发放条件和方式，但是如果未明确发放标准或处理不当，便可能产生纠纷。

某企业与员工琪琪在劳动合同中约定：员工业绩突出、表现良好，可以获得年终奖。琪琪在这一年认真工作，勤勤恳恳，业绩也不错，可是等到年末时，公司并未给她发放年终奖。公司人力资源负责人表示，琪琪业绩虽然很不错，但是并未达到前三名，不符合发放年终奖的资格。琪琪疑惑地问："为什么在劳动合同中，你没有明确规定这一点？这不是属于欺骗吗？"

的确，该公司在劳动合同中并未明确年终奖的发放标准，"业绩突出、表现良好"这样的表述有漏洞，既没有明确业绩突出的确切标准是什么，也没有明确发放年终奖的金额是多少。这非常容易导致员工与企业就年终奖发放与否、金额多少产生争议。该企业正确做法应当是：在合同中明确绩效管理相关制度和流程，以书面形式规定绩效考核标准和年终奖比例，同时企业管理者和员工都要签字确认。

公司还需要明确一点，年底辞职的员工是否发放年终奖。企业可以在劳动合同中或者公司规章制度中明确规定：年终奖发放前，员工中途离职的，可以不发放年终奖。实操中，如果约定员工个人辞职不发放，就不需发放；如果员工是被公司辞退，且企业约定了年终奖发放相关条件，则需要发放。

另外，需要注意的是，年终奖和年底双薪是有区别的。年终奖是员工获得的全年一次性奖金。年底双薪，也叫"第13个月工资"，是员工在年底享受的两个月的薪水。虽然一些企业在发放年终奖时采用了年底双薪的方式，但是也需要明确这两者之间的区别。年终奖的发放，是与企业的经营状况、员工的绩效考核息息相关的。而双薪的发放，则是根据员工工资的多少。所以，在约定年终奖的数额时，企业需要与员工协商一致，约定是按照绩效考核来确定，还是按照员工工资来确定。

最后，企业还需要防范年终奖发放的税务风险，因为员工的一次性奖金是需要纳税的。

法律链接

《工资支付暂行规定》

第十五条　用人单位不得克扣劳动者工资。有下列情况之一的，用人单位可以代扣劳动者工资：

（一）用人单位代扣代缴的个人所得税；

（二）用人单位代扣代缴的应由劳动者个人负担的各项社会保险费用；

（三）法院判决、裁定中要求代扣的抚养费、赡养费；

（四）法律、法规规定可以从劳动者工资中扣除的其他费用。

第6节　合法发放福利津贴

员工福利是企业或其他组织以福利的形式支付给员工的报酬。福利的内容有很多，根据其范围可以分为国家性福利、地方性福利、家庭性福利；根据福利的内容可以分为法定福利、企业福利，其中具体福利内容如图4-3所示。

法定福利
社会养老保险、
社会失业保险、
社会医疗保险、
工伤保险、
生育保险……

企业福利
工作餐、
工作服、
团体保险、
节日礼物、
带薪休假、
福利住房……

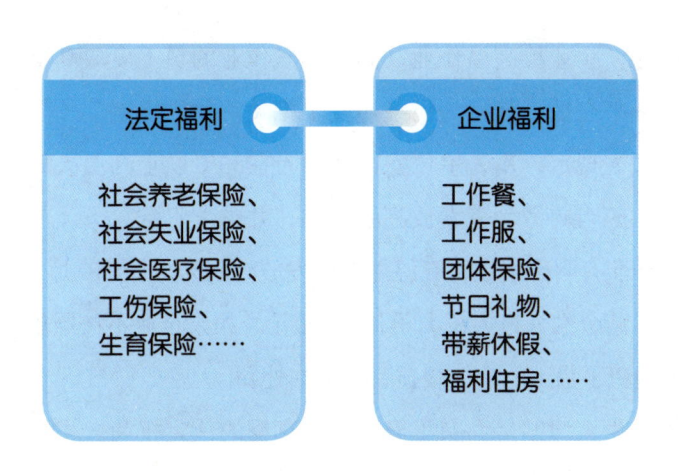

图 4-3　员工福利内容的两大类别

法定福利包括社会养老保险、社会失业保险、社会医疗保险、工伤保险、生育保险等；企业福利包括工作餐、工作服、团体保险、节日礼物、带薪休假、福利住房等。

津贴是企业为了补偿员工特殊或额外的劳动消耗和因其他特殊原因支付给员工的一部分工资。津贴包括补偿职工特殊或额外劳动消耗的津贴、保健性津贴、技术性津贴以及其他津贴，如高温津贴就是企业给从事高温作业的员工发放的特殊劳动津贴。

虽然发放福利津贴，是为了保障员工的权益，但是如果企业在发放的过程中操作不当，或者未依法合理发放，也可能产生一定的法律风险。

比如，企业给员工发放福利补贴，应当计入工资、薪金所得，由员工缴纳个人所得税。若是企业将原本通过工资、福利形式发放的交通补贴、通讯补贴或者住房补贴等项目，通过"实报实销"的方式处理，便有规避个人所得税的嫌疑，企业可能面临着税务风险。

再比如，企业给高温作业、高温天气作业的员工发放高温津贴，却用降温饮料来充抵，其行为已经违反了相关法律的规定。《防暑降温措施管理办法》规定，用人单位安排劳动者在35℃以上高温天气从事室外露天作业，应当向劳动者发放高温津贴，并纳入工资总额。部分地区对高温津贴标准有明确规定，高温津贴的发放时间为6月至8月，室外露天作业高温津贴金额为每人每月不低于200元。如果企业不按照规定的标准发放，就侵犯了员工的合法权益，将面临处罚。

另外，生育津贴是女员工应当依法享受的法定权利。生育津贴分为两种情况，一是对于已经参加生育保险的女员工，由国家社会保险经办机构发放；二是没有参加生育保险的女员工，由企业来支付。

生育津贴和产假工资并不是一回事，企业不能将两者混淆，员工也不可以同时享受生育津贴和产假工资。但需要注意的是，在发放时，企业需要根据就高原则来发放。也就是说，当生育津贴高于产假工资时，企业如果发放产假工资，就应该将生育津贴的余额补发给员工。

女员工艾艾于2021年1月1日与某公司签订劳动合同，企业为艾艾缴纳了生育保险费用。2022年5月10日，艾艾住院生产，两个月后，社会保险事业局经审核后向该公司支付了其生育保险待遇20500元。而在艾艾产假期间，公司每月向艾艾支付产假工资，共计17500元。艾艾认为，公司应当给自己发放生育津贴，要求公司将那笔生育保险费转到自己的账户上。该公司管理者却认为公司已经向艾艾支付产假工资，使得其享受到了产假待遇，不应重复支付生育津贴。

显然，案例中艾艾和公司的要求都有不合理之处。根据法律规定，生育津贴是女职工按照国家规定享受产假或者计划生育手术休假期间应该获得的工资补偿。对已经参加生育保险的员工，按照用人单位上年度职工月平均工资的标准由生育保险基金支付。在艾艾与公司劳动关系存续期间，公司为其缴纳了生育保险，那么艾艾就应依法享受产假期间的生育保险待遇。

生育津贴一般由企业垫付，再由社会保险经办机构拨付给企业。虽然员工不可以同时享受产假工资和生育津贴，但是企业需要按照就高原则来发放。因此，企业需要补发给艾艾生育津贴和产假工资的差额3000元。当然，如果企业同时向艾艾发放产假工资和生育保险待遇，那么艾艾就应该及时返还。

⚖ 法条链接

1.《防暑降温措施管理办法》

第十一条 用人单位应当为高温作业、高温天气作业的劳动者供给足够的、符合卫生标准的防暑降温饮料及必需的药品。

不得以发放钱物替代提供防暑降温饮料。防暑降温饮料不得充抵高温津贴。

> 第十七条　劳动者从事高温作业的，依法享受岗位津贴。
>
> 用人单位安排劳动者在35℃以上高温天气从事室外露天作业及不能采取有效措施将工作场所温度降低到33℃以下的，应当向劳动者发放高温津贴，并纳入工资总额。
>
> 2.《中华人民共和国社会保险法》
>
> 第五十六条　职工有下列情形之一的，可以按照国家规定享受生育津贴：
>
> （一）女职工生育享受产假；
>
> （二）享受计划生育手术休假；
>
> （三）法律、法规规定的其他情形。
>
> 生育津贴按照职工所在用人单位上年度职工月平均工资计发。

第7节　扣罚工资的处理

企业扣罚员工工资，是日常员工管理的常见情况。如果员工违反公司的制度、在工作中造成公司严重损失或者绩效不达标，那么这种扣罚工资的行为是合法的。反之，如果企业没有正当理由便扣罚员工工资，或者扣罚的工资不合理，就属于违法行为。

一般情况下，企业扣罚员工工资必须依据规章制度来执行，且保证扣罚工资的行为是合法的。同时，企业制定的规章制度也必须符合相关法律法规的规定，且必须经过民主程序。

魏斌在上海某家贸易公司工作，签订为期两年的劳动合同，采取固定薪酬制度，每月工资6000元。2023年3月，魏斌迟到三次，一次迟到1分钟以上，两次迟到10分钟以上。到月底发放工资时被罚工资共计360.8元，其中迟到1分钟扣工资100元，迟到10分钟相当于请半天假，被罚半天工资130.4元。

魏斌表示疑惑："我只是迟到10分钟，整个上午都在岗工作，为什么算请半天假呢？这样随意扣罚员工工资，是不是违法行为呢？"公司人力资源负责人却表示："这是公司规定。既然你违反了规定，就应当接受处罚。"

当然，这种情况并不是个例。魏斌的同事小秦，因为家中有事请了一天假，被扣了782.5元工资。因为该公司规章制度规定：员工请事假一天，扣除三天工资。

那么，该公司的做法是否合理呢？当然不合理。在实际操作中，为了规范员工行为，企业通常会在规章制度中规定员工违纪扣罚工资的情形及数额，比如迟到罚××元、旷工罚××元、请事假扣除××元等。虽然我国的相关法律没有规定企业有"罚款权"，也没有禁止企业通过规章制度对违纪员工进行罚款。但是，案例中的该公司因为员工迟到的违纪行为对其进行工资扣罚，尤其罚款金额比较大，就有可能引起纠纷。同时，企业对于扣减事假工资的规定过于苛刻，涉嫌克扣员工工资，也是不合法的。

所以，对员工工资进行扣罚处理时，企业管理者和人力资源部门需要注意以下几点，如图4-4所示。

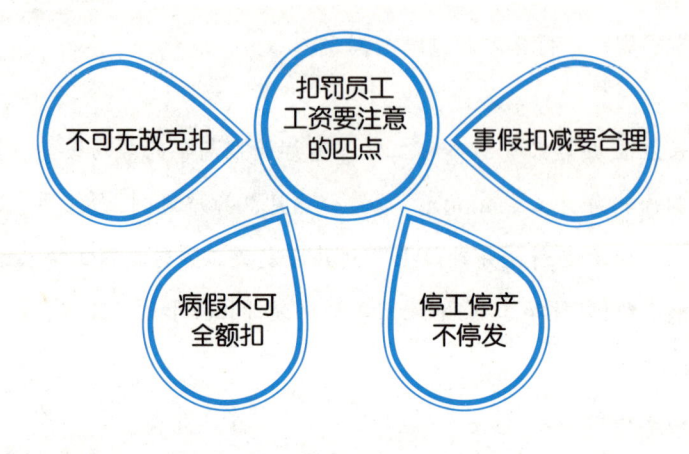

图 4-4　扣罚员工工资要注意的四点

1.企业不得无故克扣员工工资。

除了员工违反公司的制度、在工作中造成公司严重经济损失或者绩效不达标等情况，企业不得克扣员工工资。给企业造成经济损失的，员工需要按照劳动合同的约定进行经济赔偿，这一部分经济损失，可以从员工的工资中扣除。但是，每月扣除的部分不得超过劳动者当月工资的20%。如果每月扣除后的工资低于当地月最低工资标准，企业则需要按照最低工资标准支付。

2.对于事假扣减工资的，需要合情合理。

一般来说，员工请事假，企业是可以不支付事假期间工资的。但是，企业只能扣除全勤奖、当日工资，而不能扣除事假以外其他时间的工资。所以，上述案例中，企业规章制度规定"请事假一天，扣除三天工资"，是违法的。

3.员工请病假，企业不得全额扣减工资。

根据相关法律法规关于病假工资的规定，员工请病假期间，企业可以支付全额工资，但是不能全额扣减病假期间的工资。

4.在停工、停产期间，企业不能随意扣减员工工资或直接停发工资。

比如，企业办公地点迁移导致员工停工三天，属于非劳动者原因造成的停工，需要足额支付员工这三天的工资。再比如，疫情期间，员工居家办公时完成了工作任务，企业也需要支付员工这段时间的工资。如果企业随意扣减员工工资，员工可以收集证据，向劳动监察委员会投诉，或者直接申请劳动仲裁。

法条链接

《工资支付暂行规定》

第十二条 非因劳动者原因造成单位停工、停产在一个工资支付周期内的，用人单位应按劳动合同规定的标准支付劳动者工资。超过一个工资支付周期的，若劳动者提供了正常劳动，则支付给劳动者的劳动报酬不得低于当地的最低工资标准；若劳动者没有提供正常劳动，应按国家有关规定办理。

第十六条 因劳动者本人原因给用人单位造成经济损失的，用人单位可按照劳动合同的约定要求其赔偿经济损失。经济损失的赔偿，可从劳动者本人的工资中扣除。但每月扣除的部分不得超过劳动者当月工资的20%。若扣除后的剩余工资部分低于当地月最低工资标准，则按最低工资标准支付。

第五章

保险福利：做好保险也做好防范

　　社会保险制度是国家建立的一项基本社会保障制度。企业应当按照法律规定为员工办理社会保险，让员工依法享受到保险福利。同时，企业也不能放松对法律风险的防范，要规范保险费用缴纳、保险待遇申报等流程。

第1节　试用期也应缴纳社保

根据《劳动合同法》规定，劳动关系存续期间，企业应当依法为员工缴纳社会保险。社会保险，一般来说包括这些主要项目：养老保险、医疗保险、失业保险、工伤保险、生育保险。社会保险费需要由用人单位和劳动者本人共同缴纳。

不过，在实操中，很多企业在试用期内不为员工缴纳社会保险，或者试用期内由员工个人缴纳社会保险，企业给予一定经济补偿，等到转正后才开始为员工缴纳。那么，这种行为是否违反国家相关法律呢？

2022年7月，吴欢入职一家教育培训公司做行政文员，按照公司规定需要在三个月的试用期后通过考核才能转正。入职后，公司与吴欢协商，试用期内吴欢个人缴纳社会保险，公司每月补偿其300元。

试用期结束前，公司认为吴欢不能胜任工作，以不符合录用条件为由与其解除劳动关系。吴欢不服，以未给自己缴纳社会保险为由向当地劳动争议仲裁委员会申请仲裁。该公司认为，双方已经协商一致，由吴欢个人缴纳社会保险，且已经给予经济补偿，不需要为其补缴。然而，当地劳动争议仲裁委员会并未采纳这一理由，根据《劳动法》明确规定，在劳动合同期内，用人单位应该为员工缴纳社会保险；试用期包含在劳动合同期内。因此，该企业涉嫌逃避缴纳劳动者的社会保险，需要为吴欢补缴社会保险并承担赔偿责任。

也就是说，企业必须按照法律规定与员工约定试用期，同时在建立用工关系后，依法为员工缴纳社会保险。如果企业为了节省开支而逃避缴纳员工的社会保险，或者因为员工不懂法就不按照法律规定的额度进行缴纳，那么就会受到惩罚。

需要注意的是，即便员工自愿放弃社保，企业也需要承担未为员工缴纳社保的法律风险，并赔偿相应的损失。比如，吴欢刚刚毕业，经济拮据，自愿放弃社保，提出以现金补偿来代替社保缴纳。该公司与吴欢签订了自愿放弃社保的协议书，约定每月将应缴纳的社保费用以补助的方式发放给吴欢。即便如此，一旦发生纠纷，吴欢向劳动仲裁部门投诉，该公司也需要补缴社会保险。如果吴欢生病，因为没缴纳医疗保险而不能享受医疗保险待遇，向公司要求赔偿，该公司也需要承担责任，为其支付相应的医疗费用等。

因此，缴纳社保是法律强制性的规定，就算是在试用期，员工自愿放弃，企业也需要依法办事。

法条链接

1.《中华人民共和国劳动法》

第七十二条　社会保险基金按照保险类型确定资金来源，逐步实行社会统筹。用人单位和劳动者必须依法参加社会保险，缴纳社会保险费。

2.《中华人民共和国劳动合同法》

第三十八条　用人单位有下列情形之一的，劳动者可以解除劳动合同：

（一）未按照劳动合同约定提供劳动保护或者劳动条件的；

（二）未及时足额支付劳动报酬的；

（三）未依法为劳动者缴纳社会保险费的；

……

3.《中华人民共和国社会保险法》

第五十八条 用人单位应当自用工之日起三十日内为其职工向社会保险经办机构申请办理社会保险登记。未办理社会保险登记的，由社会保险经办机构核定其应当缴纳的社会保险费。

……

第2节 及时足额缴纳社保

根据法律规定，企业必须为本单位员工缴纳社会保险，员工应当缴纳的部分，由企业代扣代缴。但是，现实生活中，不少企业未能及时足额缴纳社会保险相关费用，并且想方设法拖延、逃避缴纳。

比如，员工签订的劳动合同中约定的工资为5000元，而不是面谈时的8000元。公司表示，这是为了降低社保缴费基数，实发工资依旧是8000元；再比如，约定员工工作满一年后，才能参加社会保险。

2018年3月，丁飞进入某科技公司，从事程序开发工作。2019年3月，丁飞在公司工作满一年后，公司开始为其缴纳社保费用。当时，双方约定丁飞的月工资为8000元，签订劳动合同时，公司却表示合同上的工资约定为5000元，每月基本工资为2200元，剩下的3000元以现金的形式进行发放。经协商，丁飞同意，双方签订为期三年的劳动合同。

2021年3月，公司管理者给丁飞做了调岗处理，丁飞不同意，提出离职申请。几天后，丁飞向劳动争议仲裁委员会申请仲裁，要求该公司补缴社保并支付经济补偿金。仲裁委员会做出裁决：公司需要为丁飞补缴2018年3月~2019年3月的社保费用，具体数额以社保经办机构核定为准；同时，驳回丁飞要求经济赔偿的请求。

公司和丁飞均不服，向人民法院提起诉讼。经审理，人民法院判定：该公司需要为丁飞补缴2018年3月~2019年3月的社保费用，并支付相应的经济补偿，具体数额以社保经办机构核定为准。因为该公司在2019年3月~2021年3月，虽然为丁飞缴纳社保费用，但是缴费基数明显低于法律规定的缴费基数。该公司存在欠缴、未足额缴纳社会保险费用的行为，所以根据《劳动合同法》规定应当向丁飞支付解除劳动合同的经济补偿金。

所以说，企业未按时、足额缴纳社保，所承担的法律风险和责任是比较大的。员工有权解除劳动合同，并要求企业支付赔偿金；劳动行政部门与社保机构还将对企业进行处罚。企业除了需要补足社会保险费用，还需要缴纳滞纳金、罚款，严重的可能直接被划拨或申请扣押、查封、拍卖企业财产。企业所承担的责任，包括赔偿员工少得或未得的失业保险金损失；工伤保险费有关的罚款、滞纳金等费用；基本养老保险有关的罚款费用等。

为规避法律风险，企业必须明确法律义务，依照法律规定和当地社保缴纳标准为员工缴纳社会保险费用。

法条链接

1.《中华人民共和国劳动合同法》

第四十六条 有下列情形之一的，用人单位应当向劳动者支付经济补偿：

（一）劳动者依照本法第三十八条规定解除劳动合同的；

……

2.《中华人民共和国劳动法》

第一百条 用人单位无故不缴纳社会保险费的，由劳动行政部门责令其限期缴纳；逾期不缴的，可以加收滞纳金。

3.《中华人民共和国社会保险法》

第六十二条 用人单位未按规定申报应当缴纳的社会保险费数额的，按照该单位上月缴费额的百分之一百一十确定应当缴纳数额；缴费单位补办申报手续后，由社会保险费征收机构按照规定结算。

第六十三条 用人单位未按时足额缴纳社会保险费的，由社会保险费征收机构责令其限期缴纳或者补足。

……

用人单位未足额缴纳社会保险费且未提供担保的，社会保险费征收机构可以申请人民法院扣押、查封、拍卖其价值相当于应当缴纳社会保险费的财产，以拍卖所得抵缴社会保险费。

第3节 养老保险与退休

养老保险，即社会基本养老保险，是国家和社会根据一定的法律和法规制定的，为解决劳动者在达到国家规定的解除劳动义务的劳动年龄界限，或者因年老丧失劳动能力退出劳动岗位后的基本生活而建立的一种社会保险制度。

养老保险是社会保险五大险种之一，也是社会保障制度的重要组成部分，其目的是保障离退休人员的基本生活，为退休人员提供稳定可靠的生活资金来源。养老保险具有强制性，企业和个人必须参加，而其费用的来源一般由国家、企业和个人三方共同负担，通过再分配或者建立保险基金的方式，支付老年人生活费用，力求做到"老有所养，老有所依"。

那么，养老保险费用如何缴纳呢？如图5-1所示。

图 5-1　职工基本养老保险的缴纳比例

它由两部分构成，一部分由用人单位缴纳，一部分由个人缴纳。企业缴纳部分一般费率为16%，个人缴纳部分费率为8%，不同地区，具体比例有所不同，同时各地区经济发展水平不同，缴费基数也有所不同。一般按照职工个人上一年度的月平均收入来确定。如果员工缴费工资高于本地区上年度社会平均工资的300%，以上年度社会平均工资的300%作为缴费基数；低于本地区上年度社会平均工资60%，则以上年度社会平均工资的60%作为缴费基数。

缴费金额的计算公式为：

缴费金额＝缴费基数×缴费比例

另外，员工只有满足以下两个条件，才能按月领取养老金：一是达到国家规定的退休条件并办理相关手续；二是按规定缴纳基本养老保险费累计年限满15年。

基本养老金包括基础养老金和个人账户养老金。其中：

基础养老金＝全省上年度在岗职工月平均工资×（1＋本人平均缴费指数）÷2×缴费年限×1%

个人账户养老金＝个人账户储存额÷个人账户养老金计发月数

两者之和就等于员工每月领取的基本养老金。

养老保险，是法定范围内老年人完全或基本退出社会劳动后才能发生作用的。其中，法定退休年龄是衡量标准。不过，在确定员工退休年龄时，企业也可能面临一定的法律风险。比如，员工身份证上的出生年月日与职工档案记载的出生年月日可能不一致。如果员工身份证上记录的出生年月日比职工档案登记表上记载的出生年月日晚，员工可能认为应当按照身份证来计算，要求继续工作。如果企业不同意，员工可以向当地的劳动争议仲裁委员会申请仲裁。所以，企业需要加强员工居民身份证和职工档案的管理，避免出现不必要的麻烦与纠纷。

再比如，很多劳动者因为自身原因或者客观原因会选择提前退休，这样一来，养老保险的缴纳年限便会缩减。一旦企业处理不好，不允许员工提前退休，使得员工无法享受退休待遇，便会面临法律风险。

张强是某农产品加工厂的普通职工，出生于1965年7月1日，退休时间应当为2025年7月1日。2019年8月，张强在工作中突发疾病晕倒，被送往医院医疗后，诊断为脑溢血偏身瘫痪。经劳动能力鉴定委员会鉴定，张强完全丧失劳动能力，于是他向公司提出办理提前退休。但是，公司管理者却拒绝其要求，认为张强未到法定退休年龄，不能提前办理退休。

张强随即将向当地劳动仲裁委员会申请仲裁，劳动仲裁委员会认为：根据相关法律规定，员工不符合办理退休条件的，因患病和非因工负伤，医疗期满后，经劳动能力鉴定委员会鉴定完全丧失劳动能力的，可以办理提前退休。所以，公司应当依法为张强办理提前退休的手续，不能以未到法定退休年龄为由拒绝。

法条链接

1.《国务院关于工人退休、退职的暂行办法》

第一条 全民所有制企业、事业单位和党政机关、群众团体的工人，符合下列条件之一的，应该退休。

（一）男年满六十周岁，女年满五十周岁，连续工龄满十年的。

......

（三）男年满五十周岁，女年满四十五周岁，连续工龄满十年，由医院证明，并经劳动鉴定委员会确认，完全丧失劳动能力的。

......

2.《企业职工患病或非因工负伤医疗期规定》

第七条 企业职工非因工致残和经医生或医疗机构认定患有难以治疗的疾病，医疗期满，应当由劳动鉴定委员会参照工伤与职业病致残程度鉴定标准进行劳动能力的鉴定。被鉴定为一级至四级的，应当退出劳动岗位，解除劳动关系，并办理退休、退职手续，享受退休、退职待遇。

第4节　不可不上的医疗保险

医疗保险，一般指基本医疗保险，是向保障范围内的劳动者提供患病时基本医疗需求保障的一项社会保险制度。由用人单位和个人缴费建立医疗保险基金，参保人员患病就诊发生医疗费用后，由医疗保险机构对劳动者给予一定经济补偿，可以减轻劳动者个人生活负担，避免"因病致贫"的情况。

基本医疗保险基金包括统筹基金和个人账户。其中，个人缴纳的保险费全部记入个人账户。而用人单位缴纳的保险费一部分划入个人账户，另一部分用于建立统筹基金。概括来说，如图5-2所示。

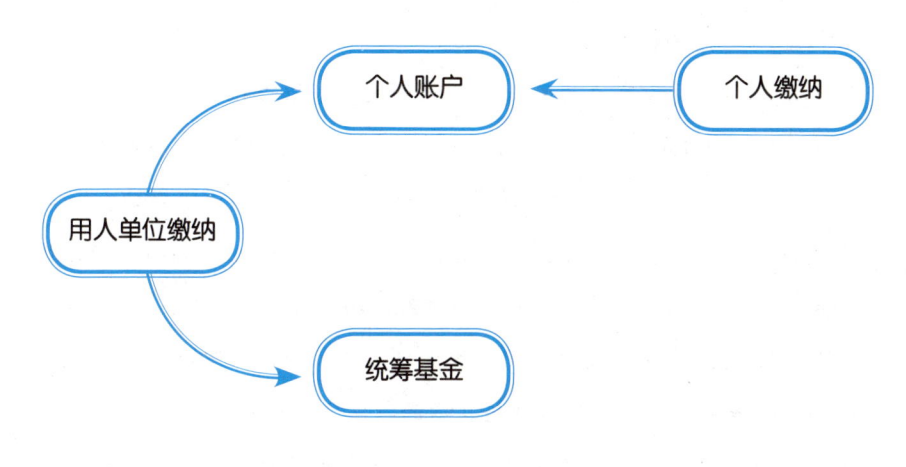

图 5-2　基本医疗保险缴纳情况示意

对于劳动者来说，医疗保险提供两大职能，即风险转移职能和补偿转移职能。具体来说就是，将个人因疾病风险导致的经济损失分摊给所有承受同样风险威胁的成员身上；用集中的医疗保险基金来补偿疾病所带来的经济损失。

根据法律规定，基本医疗保险是社会保险中最重要的一部分，所有用人单位，包括企业、机关、事业单位、社会团体、民办非企业单位等，及其职工都需要参与基本医疗保险。保险费用由用人单位和职工个人按月共同缴纳。如果企业不依法为员工缴纳医疗保险，不仅要面临赔偿员工医疗费用的风险，还需要负担起员工在养病期间的生活补助费用。

董女士是某纺织加工厂集体职工，2012年初该厂改制，更名为某纺织加工有限公司。该公司与董女士签订为期五年的劳动合同，2017年3月合同到期后，公司再次改制，按计划实行裁员。之后，董女士便未再上班。但是，双方的劳动关系始终未解除。

此后，该公司没有再为董女士缴纳包括医疗保险在内的各项社会保险费用。2019年3月，董女士因为骑电车摔倒导致左腿骨折，住院治疗一个月，共花费15000元医疗费。于是，董女士申请劳动仲裁，要求该公司与自己解除劳动关系并支付经济补偿金，同时要求赔偿自己2017年3月到2019年3月未办理各项社会保险所造成的经济损失。

经仲裁后，董女士又向人民法院提起诉讼。人民法院经审理发现，该公司为董女士缴纳包括医疗保险在内的社保费用到2017年3月，此后一直再未缴纳。医疗保险费不能补办，而根据当地城镇职工基本医疗保险办法规定，参保企业需要按照本单位上年度列入成本和费用的全部工资总额的7%缴纳基本医疗保险费。

因此，双方在劳动关系存续期间，该公司应按法律规定为董女士缴纳社会保险费用。该公司未为董女士缴纳基本医疗保险费且不能补办，导致其无法享受医疗保险待遇，理应赔偿其经济损失。但是，因为基本养老保险费应该由社会保险征收机构追缴，不属于法院受理范围，所以驳回了其赔偿养老保险费的请求。

案例中，董女士虽然从2017年3月起不再到公司上班，但是未与该公司解除劳动关系。所以，该公司必须依法按时足额为其缴纳包括基本医疗保险在内的社会保险费。因为该公司未为董女士缴纳医疗保险且不能补交，理应赔偿因此导致的经济损失。

由此可见，在劳动关系存续期间，企业必须按时足额为员工缴纳医疗保险费用。只有合规合法，才能避免纠纷和风险。同时，企业也需要明确医疗保险的缴费基数和比例，根据本地所适用的标准进行缴纳。一般来说，用人单位缴纳的比例为8%左右，劳动者个人缴纳比例为2%左右。用人单位和职工个人月缴费基数低于上年度本地职工月平均工资的60%，以本地职工月平均工资的60%为缴费基数；高于本地职工月平均工资300%以上部分不计入缴费基数。

法条链接

1.《中华人民共和国社会保险法》

第二十三条 职工应当参加职工基本医疗保险，由用人单位和职工按国家规定共同缴纳基本医疗保险费。

……

2.《最高人民法院关于审理劳动争议案件适用法律问题的解释（一）》

第一条 劳动者与用人单位之间发生的下列纠纷，属于劳动争议，当事人不服劳动争议仲裁机构作出的裁决，依法提起诉讼的，人民法院应予受理：

（一）劳动者与用人单位在履行劳动合同过程中发生的纠纷；

（二）劳动者与用人单位之间没有订立书面劳动合同，但已形成劳动关系后发生的纠纷；

（三）劳动者与用人单位因劳动关系是否已经解除或者终止，以及应否支付解除或者终止劳动关系经济补偿金发生的纠纷；

（四）劳动者与用人单位解除或者终止劳动关系后，请求用人单位返还其收取的劳动合同定金、保证金、抵押金、抵押物发生的纠纷，或者办理劳动者的人事档案、社会保险关系等移转手续发生的纠纷；

（五）劳动者以用人单位未为其办理社会保险手续，且社会保险经办机构不能补办导致其无法享受社会保险待遇为由，要求用人单位赔偿损失发生的纠纷；

……

第5节　失业保险金的缴纳和领取

失业保险，是国家通过立法强制实行的，保障因失业而暂时没有生活资金来源的居民的基本生活的一种社会保险制度。它是对企业职工的一种保护，不仅可以保障失业人员失业期间的基本生活，还可以促进其进行再就业。

失业保险具有强制性、无偿性和固定性。具体来说，一是国家以法律规定的形式，向规定范围内的用人单位和个人进行征缴。也就是说，在范围内的企业和个人必须依法履行缴费义务，否则就会违法，需要承担相应的法律责任。二是国家征收保险费用后，不需要偿还。三是缴费对象、缴费基数和缴费比例是国家预先规定的，企业和个人不能随意调整，否则就会涉嫌违法。

根据《失业保险条例》的规定，用人单位按其工资总额的2%缴纳失业保险费，员工按照本人工资的1%缴纳失业保险费，由企业代扣代缴。其中企业的工资总额包括计时工资、计件工资、奖金、津贴、加班加点工资以及特殊情况下支付的所有工资。

需要注意的是，《失业保险条例》规定：城镇企业事业单位招用的农民合同制工人本人不缴纳失业保险费。但是，国家并没有免除企业为农民缴纳失业保险费的责任，企业不能将农民合同制工人的工资排除来减少缴费基数。如果企业这样做了，一旦被社会保险机构发现，不仅将被要求依法进行补缴，还可能受到相关部门的处罚。

某建筑企业招用了十几名农民合同制工人，2022年10月，这些工人合同到期后，没能与企业续签劳动合同，处于失业状态。当他们得知与自己一起失业的城镇职工每月能领取失业保险金后，也向社会保险经办机构申请领取失业保险金。但是，该机构工作人员表示，他们没有资格领取失业保险金，因为该企业并没有为他们缴纳失业保险费，也没有将他们的工资计入缴纳失业保险费的基数。

于是，这些工人向劳动争议仲裁委员会申请仲裁，要求该企业为自己补缴失业保险费。劳动争议仲裁委员会认为，虽然该市相关法律法规规定，农民合同制工人不在失业保险制度的覆盖范围，但是应该将他们的工资纳入缴纳失业保险费的基数——这一部分费用可以视为给他们缴纳的失业保险费。因此，企业应当为这些农民合同制工人补缴纳失业保险费，以确保他们可以在失业期间领取失业保险金或者领取一次性生活补助。

那么，失业人员的失业保险金如何领取呢？其实，员工想要领取失业保险金，必须同时满足以下几个条件：

1.按规定参加失业保险，所在单位和个人已经按规定履行缴费义务满一年。

2.非因本人意愿中断就业。

3.已经办理失业登记，并有求职要求。

如果员工与企业解除劳动合同，但是工作未满一年，缴纳失业保险费用未满一年，便不可以领取失业保险金。

当然，并不是员工失业了，就可以一直领取失业保险金。根据《社会保险法》的规定，失业前，企业和员工缴费满一年不足五年的，失业保险金的领取期限最长为十二个月；累计缴费满五年不足十年的，期限最长为十八个月；累计缴费十年以上的，最长期限为二十四个月。如果重新就业，再次失业的话，缴费时间要重新计算。同时，两次失业所领取失业保险金的期限也要合并计算，最长不超过二十四个月。

此外，在领取失业保险金期间，失业人员重新就业、应征服兵役、移居境外、享受基本养老保险待遇、被判刑收监执行或者被劳动教养等，就不能再领取了。

法条链接

《失业保险条例》

第六条 城镇企业事业单位按照本单位工资总额的2%缴纳失业保险费。城镇企业事业单位职工按照本人工资的1%缴纳失业保险费。城镇企业事业单位招用的农民合同制工人本人不缴纳失业保险费。

第十四条 具备下列条件的失业人员，可以领取失业保险金：

（一）按照规定参加失业保险，所在单位和本人已按照规定履行缴费义务满1年的；

（二）非因本人意愿中断就业的；

（三）已办理失业登记，并有求职要求的。

失业人员在领取失业保险金期间，按照规定同时享受其他失业保险待遇。

第6节 生育保险的缴纳

生育保险是专门为女性职工生育时不能正常工作而设立的一项社会保险制度，为其在怀孕和分娩期间提供基本的经济和医疗保障，主要包括生育津贴和生育医疗待遇。

生育保险由用人单位缴纳的生育保险费以及利息、滞纳金组成，由用人单位统一缴纳，劳动者个人不需要缴纳。其保险费总额不大于本单位上年度职工工资总额的1%。如果企业不承担女职工缴纳生育险的费用，而是由员工个人缴纳，那么就涉嫌违法，需要承担相应的法律责任。

2020年7月，女职工张淼到某汽车销售公司担任客户经理，签订劳动合同后，公司开始为其缴纳社会保险费，但是表示每月将从其工资中扣除300元作为生育保险费。2022年5月，张淼生下一女儿，产假期间，公司未向其支付产假工资。协商未果后，张淼准备向当地劳动争议仲裁委员会提起仲裁申请。经了解相关法律，张淼认识到自己是不需要缴纳生育保险费的，而且公司为自己缴纳保险费的金额也不准确，该公司女职工工资总额为6万元，那么为张淼缴纳的生育保险费就应该是600元，而不是300元。于是，她以公司未及时支付劳动报酬、拖欠产假工资以及未依法缴纳生育保险费为由提出仲裁申请，要求公司支付劳动报酬、产假工资，依法为自己缴纳生育保险费并赔偿经济损失。

案例中，张淼的要求合理吗？因为该公司已经为张淼缴纳了生育保险费，张淼享受到了生育津贴和生育医疗费用等待遇。而根据法律规定，生育津贴与产假工资是可以不重复计算的，所以企业可以不再支付其产假工资。

但是，公司所缴纳的生育保险费是从张淼的工资中扣除的，也就是她个人缴纳的。公司的行为是违法的，需要赔偿其经济损失。同时，该公司缴纳生育保险费的金额也不准确，需要承担相应的法律责任。

需要注意的是，如果该公司未能及时为张淼缴纳生育保险费，比如缴费时间晚于其生育时间，导致其无法领取生育津贴，无法享受医疗待遇，那么该公司就需要依法支付本应由生育保险基金承担的生育保险待遇。

另外，法律规定生育或实施计划生育手术时缴费未中断且已连续缴费满一年，女职工才能享受生育津贴和治疗费用。所以，为规避法律风险，企业在招聘时一定要了解员工缴纳社会保险费的情况和怀孕情况。如果发现其缴费一直未中断，应当及时为其续缴保险费。

法条链接

《中华人民共和国社会保险法》

第五十三条　职工应当参加生育保险，由用人单位按照国家规定缴纳生育保险费，职工不缴纳生育保险费。

第五十四条　用人单位已经缴纳生育保险费的，其职工享受生育保险待遇；职工未就业配偶按照国家规定享受生育医疗费用待遇。所需资金从生育保险基金中支付。

生育保险待遇包括生育医疗费用和生育津贴。

第7节　工伤保险与工伤认定

在工作中或上下班途中，员工可能出现一些意外情况，导致身体受到伤害，暂时或永久失去劳动能力。这种情况下，用人单位和社保机构便会对其进行认定，确定是否构成工伤。

根据《工伤保险条例》规定，以下几种情况应当确认为工伤：

1.在工作时间和工作场所内，因工作原因受到事故伤害的；

2.工作时间前后在工作场所内，从事与工作有关的预备性或者收尾性工作受到事故伤害的；

3.在工作时间和工作场所内，因履行工作职责受到暴力等意外伤害的；

4.患职业病的；

5.因工外出期间，由于工作原因受到伤害或者发生事故下落不明的；

6.在上下班途中，受到非本人主要责任的交通事故或者城市轨道交通、客运轮渡、火车事故伤害的；

7.法律、行政法规规定应当认定为工伤的其他情形。

除此之外，以下一些情形虽然不能认定为工伤，但是根据法律规定，也可以视同工伤：

1.在工作时间和工作岗位，突发疾病死亡或者在48小时之内经抢救无效死亡的；

2.在抢险救灾等维护国家利益、公共利益活动中受到伤害的；

3.职工原在军队服役，因战、因公负伤致残，已取得革命伤残军人证，到用人单位后旧伤复发的。

但是，如果员工存在犯罪或违法、自杀或自残、斗殴、蓄意违章等情况，则不能认定为工伤。

按照法律规定，员工在工作中因为意外事故、工作内容受伤或死亡，同时用人单位为员工购买了工伤保险，那么其可以享受工伤保险待遇。如果员工在工作时发生意外，身体受到伤害，用人单位需要及时拨打急救电话，将其送到医院救治。然后，用人单位和员工可以申请工伤认定。根据法律规定，用人单位需要在事故伤害发生之日或者被诊断、鉴定为职业病之日起30日内进行申请。

如果用人单位未及时提出申请，工伤的员工或其直系亲属、工会组织也可以直接向用人单位所在地区的劳动保障行政部门提出申请，期限是事故伤害发生之日或者被诊断、鉴定为职业病之日起一年内。

如果用人单位未能及时按照相关法律提交工伤认定申请，就需要负担员工工伤的工伤待遇。如果用人单位未为员工缴纳工伤保险，员工发生工伤后，企业就需要全额承担工伤赔偿责任。

案例一：李欢是某公司员工，公司规定工作时间为9:00—18:00，上下班需要打卡。2022年7月10日，李欢早上8:50进入公司打卡后，因不慎摔倒导致手部骨折，之后被送往医院治疗一段时间。痊愈后，李欢向公司提出申请工伤认定，部门主管认为，李某并非在上班时间受伤，并不是因为工作原因受伤，所以不能申请工伤认定。

案例二：周琦是某公司的暑假工，双方并未签订劳动合同。某一天的工作期间内，周琦搬运货物时不慎被货物砸到脚，导致小脚趾骨折。治疗期间，公司为周琦垫付了医疗费，但是拒绝承认其为工伤。该公司领导认为双方之间没签订劳动合同，周琦不属于企业正式员工，而且也未为其缴纳工伤保险费用，所以未及时向当地劳动保障行政部门提出申请。

案例一的公司应当为李欢申请工伤认定。因为李欢虽然不是在工作时间受伤的，且不是因为工作原因受伤，但是其符合《工伤保险条例》第十四条第二款的规定，即工作时间前后在工作场所内，从事与工作有关的预备性或者收尾性工作而受到伤害。

案例二中，周琦虽然是暑假工，但是双方存在着事实劳动关系，且周琦在工作时间、工作地点因为工作原因而受伤，这满足了认定工伤的条件。所以，该公司不为其缴纳工伤保险的行为是违法的，应当承担全额医疗费用并作出相应赔偿。

综上所述，企业需要明确自身应该承担的法律责任，依法为员工缴纳工伤保险并依法申请工伤认定，不能存在侥幸心理。否则，员工一旦提出劳动仲裁，企业将面临更大的损失和风险。

法条链接

《工伤保险条例》

第二条 中华人民共和国境内的企业、事业单位、社会团体、民办非企业单位、基金会、律师事务所、会计师事务所等组织和有雇工的个体工商户（以下称用人单位）应当依照本条例规定参加工伤保险，为本单位全部职工或者雇工（以下称职工）缴纳工伤保险费。

……

第十四条 职工有下列情形之一的，应当认定为工伤：

（一）在工作时间和工作场所内，因工作原因受到事故伤害的；

（二）工作时间前后在工作场所内，从事与工作有关的预备性或者收尾性工作受到事故伤害的；

（三）在工作时间和工作场所内，因履行工作职责受到暴力等意外伤害的；

（四）患职业病的；

（五）因工外出期间，由于工作原因受到伤害或者发生事故下落不明的；

（六）在上下班途中，受到非本人主要责任的交通事故或者城市轨道交通、客运轮渡、火车事故伤害的；

（七）法律、行政法规规定应当认定为工伤的其他情形。

第十五条 职工有下列情形之一的，视同工伤：

（一）在工作时间和工作岗位，突发疾病死亡或者在48小时之内经抢救无效死亡的；

（二）在抢险救灾等维护国家利益、公共利益活动中受到伤害的；

（三）职工原在军队服役，因战、因公负伤致残，已取得革命伤残军人证，到用人单位后旧伤复发的。

……

第8节　工伤私了，风险不小

在现实生活中，一些员工发生工伤事故后，选择与企业就工伤待遇达成赔偿协议，即双方就工伤赔偿达成私了协议。那么，工伤赔偿私了协议是否具体法律效力？员工是否可以继续向劳动争议仲裁委员会就工伤赔偿申请仲裁？

林宇是某维修厂的维修工，签订了为期两年的劳动合同。因为林宇技术好、工作吃苦耐劳，很受老板欣赏，也受客户信任，所以时常有加班加点的情况。因为老板对自己非常好，加班费也给得比较多，所以林宇也不嫌累，对加班加点没什么怨言。

2022年11月，林宇为客户修车时不小心弄伤了眼睛，导致左眼失明。老板立即将其送医治疗，支付了医药费，并及时向社会保险部门申请工伤鉴定。经鉴定，林宇左眼失明，属于五级伤残。之后，林宇及家属与公司签订工伤赔偿协议，约定向林宇支付一次性伤残补助金和一次性医疗补助金。

协议签订后不久，林宇及家属又反悔了，认为协议赔偿金额低于法定工伤待遇，于是向当地劳动争议仲裁委员会申请变更协议。该公司认为协议是双方自愿签订的，公司已经为林宇支付工伤保险赔偿和医疗费用，所以拒绝变更协议。

仲裁委员会经审理发现，员工发生工伤时，该公司及时进行救治和工伤认定申请，且协议是双方意思一致的表示，该协议是合法的。不过，根据《最高人民法院关于审理劳动争议案件适用法律问题的解释》的相关规定，员工是有权利请求人民法院或者仲裁机构变更该协议或撤销变更的。所以，仲裁委员会支持林宇要求变更工伤赔偿协议的主张。

根据以上案例分析，工伤赔偿协议是否具有法律效力，需要考虑以下几点，如图5-3所示。

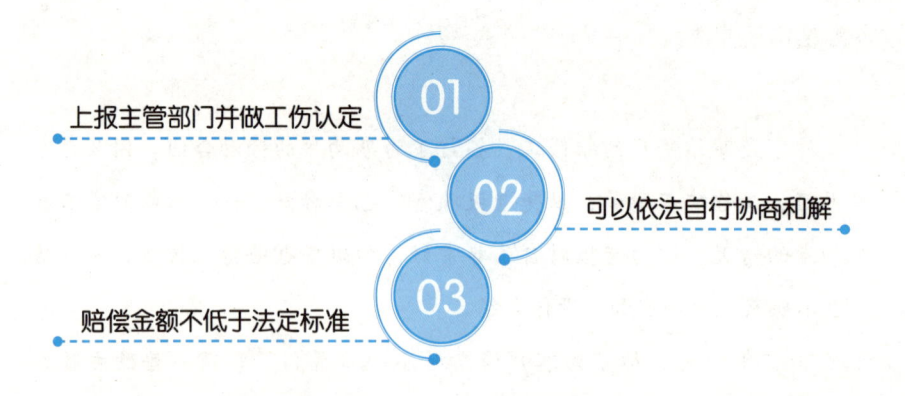

01 上报主管部门并做工伤认定
02 可以依法自行协商和解
03 赔偿金额不低于法定标准

图5-3 工伤赔偿协议的三个要点

1.如果企业未向主管部门上报，也未向劳动保障部门申请认定工伤，那么协议是无效的。

工伤发生后，企业选择不向主管部门上报，也不向劳动保障部门申请认定工伤，那么其行为属于隐瞒不报，不仅损害劳动者的健康权利，也违反了相关法律。

因为《工伤认定办法》第四条有明确规定，职工发生事故伤害或者按照职业病防治法规定被诊断、鉴定为职业病，企业应当自事故伤害发生之日或者被诊断、鉴定为职业病之日起30日内，向社会保险行政部门提出工伤认定申请。

同时《安全生产法》规定，生产经营单位发生生产安全事故后……单位负责人接到事故报告后，应当迅速采取有效措施，组织抢救……并按照国家有关规定立即如实报告当地负有安全生产监督管理职责的部门，不得隐瞒不报、谎报或者迟报……

2.如果企业与员工依法自行协商和解并签订协议，那么协议是有效的。

《劳动法》有明确规定，用人单位与劳动者发生劳动事故，当事人可以依法申请调解、仲裁，也可以协商解决。也就是说，我国法律允许企业与员工对劳动争议协商调解解决，也赋予了双方就工伤纠纷自行和解的权利。

当然，前提是双方必须遵守相关法律法规，且协议内容合法真实。

3.如果企业及时向主管部门上报，并启动工伤认定程序，双方签订了赔偿协议，但是赔偿金额低于法定工伤待遇标准，那么协议是可以申请变更或撤销的。

比如，发生工伤后，企业与员工签订赔偿协议，约定赔偿金额为10

万元。但是，法定工伤待遇应该是15万元，员工可以请求劳动争议仲裁委员会或人民法院变更或撤销协议，追索应该得到的5万元。

所以，对于企业来说，工伤赔偿私了都具有一定的法律风险。为防范法律风险，企业管理者和人力资源部门应当加强法律意识，一旦员工发生工伤，应当按照法定程序上报主管部门，向劳动保障部门申请认定工伤，并为员工申报工伤保险待遇。

法条链接

1.《工伤认定办法》

第四条　职工发生事故伤害或者按照职业病防治法规定被诊断、鉴定为职业病，所在单位应当自事故伤害发生之日或者被诊断、鉴定为职业病之日起30日内，向统筹地区社会保险行政部门提出工伤认定申请。遇有特殊情况，经报社会保险行政部门同意，申请时限可以适当延长。

按照前款规定应当向省级社会保险行政部门提出工伤认定申请的，根据属地原则应当向用人单位所在地设区的市级社会保险行政部门提出。

2.《最高人民法院关于审理劳动争议案件适用法律问题的解释》

第五十三条　……对于追索劳动报酬、养老金、医疗费以及工伤保险待遇、经济补偿金、培训费及其他相关费用等案件，给付数额不当的，人民法院可以予以变更。

第六章

绩效管理：采用科学合法的考核制度

绩效管理的目的是改善员工的工作表现，以达到企业的经营目标，并提高员工的积极性、满意度与成就感。但是如果绩效考核制度不合法、考核标准设置不合理或者奖惩不合理，必将引起员工不满。为了防范此类用工风险，企业必须采用科学合法的考核制度。

第1节　绩效制度要合法合规

绩效管理是企业对员工的工作表现、业绩进行考核，然后根据制度采取相应奖惩措施的行为。科学合法的绩效考核，可以提高员工的积极性，促进员工个人与企业的共同成长与提升。相反，不合理、不合法的绩效考核，则会引起员工的不满，降低其工作积极性，甚至给企业带来劳动纠纷。

实际上，很多企业在推行绩效管理、制定绩效考核制度时，都会涉及一些法律风险。

案例一：某公司制定了绩效管理制度，对应聘的求职者进行一系列考核。王静应聘该公司行政文员岗位，被告知从试用期便开始进行考核。之后，双方签订劳动合同，为期两年，试用期为三个月。然而，三个月试用期后，该公司通知王静并未通过公司考核，并解除了劳动合同。

案例二：某服装公司以员工周宇绩效考核不合格为由，调整了他的工作岗位并做出降薪处理。周宇并不认可绩效考核结果，认为公司没有权利单方面给自己调岗降薪。该公司表示，公司绩效考核制度明确规定员工连续两个月业绩达不到×××元，便视为绩效考核不合格，将给予调岗降职的惩罚。所以，公司给予周宇的处罚是合理的。

周宇仍不服，于是该公司对其进行其两次书面警告后，单方面与其解除劳动合同。因为该公司规章制度规定，累计两次书面警告后可解除劳动合同。周宇随即向当地劳动争议仲裁委员会申请仲裁，要求支付违法解除劳动合同赔偿金。

以上两个案例中，企业制定的绩效考核制度都有不合法之处。案例一中，该公司违法约定试用期。《劳动合同法》规定，合同期限不满一年的，试用期不得超过一个月；一年以上三年以下的，试用期不得超过两个月；三年以上固定期限和无固定期限的，试用期不得超过六个月。因此，该公司应当与王静恢复劳动关系并补发超过法定试用期的工资或者支付其赔偿金。

案例二中，该公司的所谓绩效考核不合格而调岗降薪的行为也是不合法的。首先，该公司依据考核未达到标准对员工调岗降薪的做法，违反了《劳动合同法》第三十五条的规定。因为调岗降薪，势必要变更劳动合同，而变更劳动合同必须经双方协商一致才有效。同时，该公司的绩效考核指标也过于单一，科学合理的考核指标应该包括业绩目标完成情况、工作态度、能力等级等。考核指标不合理，很难被员工接受，自然也就容易产生纠纷。其次，该公司"累计两次书面警告后可解除劳动合同"的规定也是不合法的，违反了《劳动合同法》第四十条的规定。因此该公司以此为由单方面与周宇解除劳动合同后，需要承担法律责任。

由此可见，企业绩效考核制度是企业内部重要的规章制度文件，在制定的过程中应该注意其合法性和合理性，这样一来才能使它具有相应效力。具体来说，要注意以下几点，如图6-1所示。

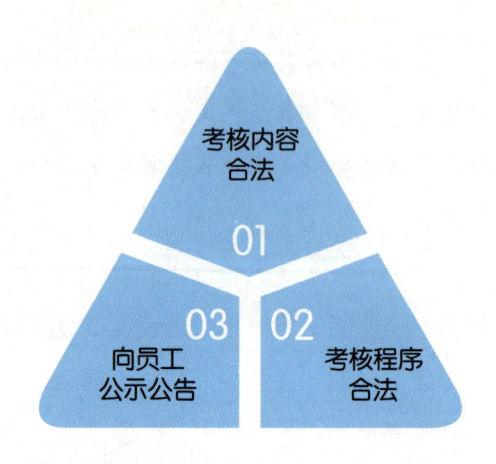

```
        考核内容
         合法
          01

    03      02
  向员工    考核程序
  公示公告    合法
```

图6-1 制定绩效考核制度的三个要点

1.确保绩效考核制度内容的合法性。

企业规章制度的内容必须合法合规，不能违背相关法律法规及政策的规定，否则就是没有法律效力的。

比如，试用期的约定、工时的约定，以及相应的奖惩规定都必须合法合规。例如迟到5分钟，视为旷工1天；24小时待命；不回领导短信，罚款50元等。这些都是明显不合理的规定，侵犯了员工的合法权益。

2.确保绩效考核程序的合法性。

绩效考核制度应当通过民主协商的程序来制定；修改绩效考核制度的内容时，应当经职工代表大会或全体职工讨论，提出方案和意见，与工会或者职工代表平等协商确定。如果考核制度的制定程序不合法，也影响其法律效力。

3.公示公告的合法性。

任何规章制度都需要告知员工，绩效考核制度也是如此。如果企业没有向员工公示，或者无法提供曾经向员工公示的证据，也会让企业在劳动争议中败诉。

法条链接

1.《中华人民共和国劳动法》

第四条 用人单位应当依法建立和完善规章制度，保障劳动者享有劳动权利和履行劳动义务。

2.《中华人民共和国劳动合同法》

第四条 用人单位应当依法建立和完善劳动规章制度，保障劳动者享有劳动权利、履行劳动义务。

用人单位在制定、修改或者决定有关劳动报酬、工作时间、休息休假、劳动安全卫生、保险福利、职工培训、劳动纪律以及劳动定额管理等直接涉及劳动者切身利益的规章制度或者重大事项时，应当经职工代表大会或者全体职工讨论，提出方案和意见，与工会或者职工代表平等协商确定。

在规章制度和重大事项决定实施过程中，工会或者职工认为不适当的，有权向用人单位提出，通过协商予以修改完善。

……

第2节 绩效考核指标要合理

建立绩效考核体系，有利于企业评价员工的工作成绩，是对员工进行管理的基础，同时也是提升企业业绩、促进企业发展的关键。

在绩效考核体系中，考核指标是重要的因素之一。企业应该根据自身发展需求、自身各方面的绩效情况、员工各个岗位的具体情况，以及行业内业绩水平来设定科学合理的考核指标。具体来说，企业在设定绩效考核指标时，应当遵守"SMART原则"，如图6-2所示。

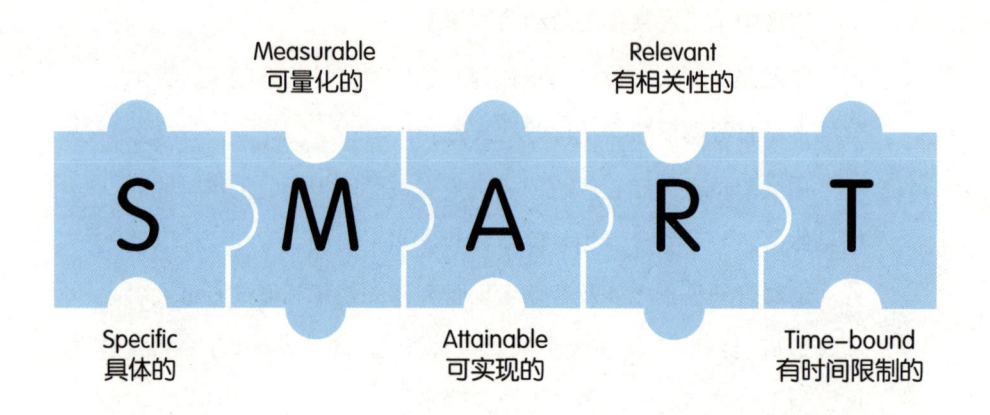

图6-2 绩效考核指标的 SMART 原则

S（Specific）：具体的。即指标要清晰、明确，不能太笼统，要让员工能准确地理解任务和目标且能抓住重点。

M（Measurable）：可量化的。即考核指标必须是可量化的，是具体的数字、数据，不能使用"比较好""很好"等模糊词汇。这类不可量化的词汇，无法让员工获得具体的数据和信息，容易出现误差。

A（Attainable）：可实现的。即考核指标必须是员工经过努力能实现的，不能是员工再努力也够不到的。考核指标过高，不仅降低员工积极性，无法起到激励作用，而且对于员工也是不公平的，会使其薪酬受到不良影响。当然，考核指标也不能太低，否则就失去了考核的意义了。

R（Relevant）：有相关性的。即考核指标是与工作中的其他目标是相关联的；考核指标是与员工的本职工作相关联的。

T（Time-bound）：有时间限制的。即考核指标要有一定的时间限制，要设定一个完成绩效的截止时间，时间一到，考核便结束，企业要核算考核结果。时限要长度适中，不能过长，也不能过短，否则都无法保证考核的公正和公平。

如果企业设定绩效考核指标时，无法遵循以上原则，那么考核指标很可能不合理，会导致员工产生不满情绪，进而容易产生劳动纠纷。

郭云是某公司销售部销售员，2021年底，公司进行绩效考核结果核算时，发现郭云的业绩完成率达到90%，销售业绩达到了500万元。于是，在2022年初时，公司设定了新的绩效考核指标：销售业绩700万元；业绩完成率达到95%；销售回款率95%，超过规定标准以上的，每超过1%，加1分，低于规定标准的，为0分；新客户开发率75%，每新增一个客户，加2分；在规定时间内完成日常信息的收集；制订每月的宣传、促销计划，并按照计划完成推广促销工作。

郭云觉得公司的考核指标不合理，但是迫于领导压力，还是在《绩效考核目标责任书》上签了字。到2022年第三季度时，郭云的销售业绩和销售回款率都不理想，尽管付出了很多努力，想了很多办法，但是仍没有什么转机。郭云为此找到公司经理，希望能降低考核指标。经理却直接拒绝其请求，并表示年终绩效如果完成不了，不仅年终奖没有了，还将受到降职处理。

2022年底，郭云最终没能达到考核指标，被公司核定为绩效考核不合格，受到调岗降职处理，并不予发放年终奖。郭云很是气愤，与公司经理进行协商无果后，向当地劳动争议仲裁委员会申请仲裁。最终，劳动争议仲裁委员会认定，该公司绩效指标不切实际，并未以市场基本情况、员工岗位职责为依据，导致员工无法完成绩效考核指标。该公司的行为属于单方面违法降职调岗，应当重新修改指标，恢复郭云原职位，并根据业绩完成情况补发年终奖。

因此，企业管理者和人力资源负责人需要明白，绩效考核的目的不是处罚，而是激励员工努力完成绩效目标。绩效考核指标的设定需要科学合理，这样才能起到激励作用，并规避不必要的法律风险。

法条链接

《最高人民法院关于审理劳动争议案件适用法律问题的解释》

第四十四条　因用人单位作出的开除、除名、辞退、解除劳动合同、减少劳动报酬、计算劳动者工作年限等决定而发生的劳动争议，用人单位负举证责任。

第五十三条　用人单位对劳动者作出的开除、除名、辞退等处理，或者因其他原因解除劳动合同确有错误的，人民法院可以依法判决予以撤销。

……

第3节　考核结果需员工确认

绩效考核关系到员工的奖惩，也关系到员工所获得的薪酬待遇，未通过绩效考核的员工，可能面临着扣除绩效工资、调岗降薪等问题。所以，绩效考核的内容、结果以及奖惩标准都应当让员工知晓，并签字确认。如果未经员工认可和确认，企业管理者便扣除员工的绩效工资，或给予降职调薪处理，那么就涉嫌违法了。

员工王悦是某公司财务经理，与公司签订了为期三年的劳动合同，工资标准为年薪20万，每月支付10000元，剩余8万元，作为年终绩效工资。2022年7月31日，双方协商解除劳动关系，王悦表示公司所发放的2022年1月到7月的实际工资与应发工资存在差额，相差45000元，差额为年终应补齐的工资，应该补发。

该公司表示，剩余的8万元是需要经过年终绩效考核的，不是固定发放的。同时，公司提供了王悦签名确认的《入职确认单》《公司规章制度汇编》等文件，其中《公司规章制度汇编》明确规定，公司经理级别的岗位由总经理直接确定考核分数，年终绩效小于75分的，不能获得年终绩效工资。最终王悦考核分数为58分，被评为考核不合格，理应扣除相应的年终奖。

王悦承认曾签字确认《入职确认单》《公司规章制度汇编》，但是公司并未公示绩效考核事宜，考核内容、考核结果确认表也没有让自己签字。所以，王悦认为公司扣除其年终绩效工资的行为是违法的。

仲裁委员会认为，王悦签订了《入职确认单》《公司规章制度汇编》，且《公司规章制度汇编》明确了对于经理级人员的考核方式的要求，所以不知晓考核内容的主张是不合理的。王悦考核分数为58分，不符合发放绩效的条件，公司可以对其作出扣减年终绩效工资的处理，但是在扣减工资之前，需要员工确认绩效考核的结果。该公司并未让王悦在考核结果上签字，所以仲裁委员会以绩效考核未被员工确认、认可为由判公司补发其年终绩效工资。

所以说，企业必须让员工知晓绩效考核的内容，并且让其认可绩效考核的结果。同时，为了避免不必要的纠纷，企业还需要做到以下几点，如图6-3所示。

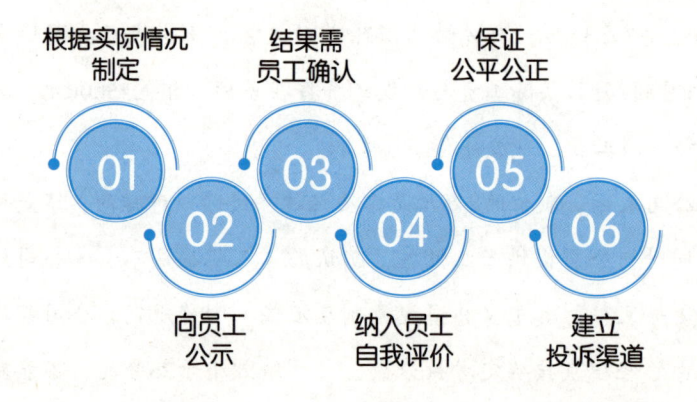

图6-3 进行绩效考核时的六个要点

1.根据企业实际情况制定员工规范手册和绩效考核制度。

2.制定绩效考核制度后，通过部门会议、通知等方式让员工知晓考核的流程、方式、指标、结果等。

3.考核结果出来后,第一时间告知员工,并让其签字确认。

4.将员工自我评价纳入考核机制,避免员工不认可考核结果,拒绝在考核结果上签字。

5.保证绩效考核的公平、公正、公开。

6.完善绩效考核的流程,考核结果出来后,与员工进行面谈,了解其对绩效考核的看法;建立投诉渠道,允许员工对不认可的结果进行投诉。

另外,员工对考核结果不认可也是正常的。企业管理者和人力资源部门需要用证据说话,即明确企业规章制度,且严格执行规章制度和考核流程,做到有理有据,程序合规。企业需要建立补偿机制,根据不同情况给予员工合理的补偿或者采取其他补偿措施,如对员工进行培训或者做其他工作安排。

法条链接

《中华人民共和国劳动合同法》

第四条 ……用人单位应当将直接涉及劳动者切身利益的规章制度和重大事项决定公示,或者告知劳动者。

第八十条 用人单位直接涉及劳动者切身利益的规章制度违反法律、法规规定的,由劳动行政部门责令改正,给予警告;给劳动者造成损害的,应当承担赔偿责任。

第4节　末位淘汰，务必慎用

末位淘汰就是根据绩效考核结果，对员工进行排名或者将员工划分为三大类，并对排在最后的员工进行处罚。这种考核方式有利于激励员工，促使员工不断提升工作效率和工作能力。但事实上，这也会给企业带来一定的法律风险。

某公司制定绩效考核制度时，约定实施末位淘汰制，即对员工进行绩效考核，并将考核等级分为A级、B级、C级。考核内容包括工作态度、工作能力、工作成果，具体考核标准如下：工作态度所占比重为15%；工作能力所占比重为25%；工作成果所占比重为60%；评分等级为A，分数为90~100；评分等级为B，分数为60~89；评分等级为C，分数为60以下。对于绩效考核评分低于60分的员工，公司有权对其作出降职降薪或调岗处理。

员工吴芳是该公司员工，进入公司签订劳动合同时，公司将末位淘汰制放入合同条款中，吴芳也没有提出异议。进入公司一年后，吴芳的绩效水平一直保持在中等水平，但最后一个季度内的考核得分分别为60、59、57分，位于部门末位。最终，该公司在年末评定时，将其评定为考核不合格，并对她做出辞退决定。

吴芳认为这种考核不合理，所以拒绝在考核确认表上签字。经多次协商，双方未达成一致意见。于是，吴芳向当地劳动争议仲裁委员会申请仲裁，经审理，判定该公司应当撤销解雇决定。

由上例可知，企业不能以末位淘汰为理由辞退员工，否则属于违法解除劳动合同，不仅需要撤销解雇决定，还需要承担相应法律责任。因为根据《劳动合同法》第四十条规定，劳动者不能胜任工作，经过培训或者调整工作岗位，仍不能胜任工作的；劳动合同订立时所依据的客观情况发生重大变化，致使劳动合同无法履行，经用人单位与劳动者协商，未能就变更劳动合同内容达成协议的，才能解除劳动合同。员工在绩效考核中处于末位，并不能证明其"不能胜任工作"，只能说明其工作能力不如其他员工。"末位淘汰"，不符合单方面解除劳动合同的法定条件。

同时，最高人民法院发布的相关规定也明确指出，如果用人单位在劳动合同期限内通过"末位淘汰"或"竞争上岗"等形式单方面解除劳动合同，劳动者可以以用人单位违法解除劳动合同为由，请求用人单位继续履行劳动合同或者支付赔偿金。

所以，对于末位淘汰，企业要谨慎使用，更不能随意通过"末位淘汰"来与员工解除劳动合同。在绩效考核制度中，企业需要约定末位淘汰，同时明确约定工作内容、工作量，约定考核标准、评价标准，并需要员工确认考核结果。员工考核不合格，企业需要对其进行培训，确定不能胜任工作之后，再与其协商调岗。员工调岗之后，经过绩效考核，仍不胜任工作的，才能依法解除劳动合同。

法条链接

《中华人民共和国劳动合同法》

第四十条 有下列情形之一的，用人单位提前三十日以书面形式通知劳动者本人或者额外支付劳动者一个月工资后，可以解除劳动合同：

（一）劳动者患病或者非因工负伤，在规定的医疗期满后不能从事原工作，也不能从事由用人单位另行安排的工作的；

（二）劳动者不能胜任工作，经过培训或者调整工作岗位，仍不能胜任工作的；

（三）劳动合同订立时所依据的客观情况发生重大变化，致使劳动合同无法履行，经用人单位与劳动者协商，未能就变更劳动合同内容达成协议的。

第5节 "不能胜任工作"的认定

"不能胜任工作"如何认定？

相关法律规定，"不能胜任工作"，是指员工不能按要求完成劳动合同中约定的任务或者同工种、同岗位人员的工作量，且企业不能故意提高定额标准，使员工无法完成。如果企业要认定某员工"不能胜任工作"，需要注意以下几个重点，如图6-4所示。

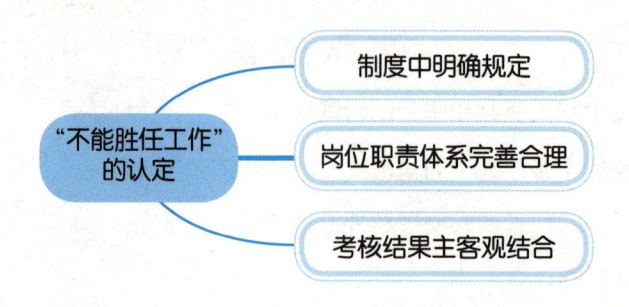

"不能胜任工作"的认定
- 制度中明确规定
- 岗位职责体系完善合理
- 考核结果主客观结合

图6-4 "不能胜任工作"认定的三个重点

1.在公司规章制度中规定属于"不能胜任工作"的具体表现。

在法律上,"不能胜任工作"的概念具有模糊性。所以,企业要根据公司自身情况做出更细致的表述,规定哪些行为是属于不能胜任工作的具体表现。比如,未在规定期限内完成工作任务,不能达到岗位职责要求;在绩效考核中被评为"不合格";被客户投诉超过三次;在在工作中有过错或过失,给企业带来经济损失或不良影响。

2.岗位职责体系必须完善且合理。

企业要认定员工"不合格"或"不能胜任工作",需要以员工的绩效考核结果作为依据。所以,企业需要在规章制度和劳动合同中明确员工的岗位、岗位职责、工作内容等,并且明确告知员工,让其在职位说明书上签字确认。

3.考核结果要符合规范,做到主观评价与客观数据相结合。

对于员工的考核评价,不能以模糊主观的语句为主,比如工作态度有问题、学习能力弱等,而应该根据企业设置的考核指标进行客观评价,尽可能拿出客观、有效的证据。同时,企业还需要尽可能收集辅助性材料,比如主管的表述、客户的投诉等。

企业只有拿出客观且可信的证据,且遵循正确的操作流程,才能依法认定员工"不能胜任工作",否则会给企业带来纠纷和损失。

2020年5月10日,李威进入某制造企业,双方签订了劳动合同,期限到2023年5月10日。2021年1月,李威绩效考核分数较低,公司认为其不能胜任工作,于是与李威签订了公司制订的《绩效改进计划》,其中明确了李威的具体改进目标和衡量标准,同时约定若李威考核再不达标则视为经培训仍不能胜任工作,公司有权将其辞退。

一段时间后,公司对李威的工作进行评测,考核分数仍较低,通知其改进计划不达标，属于经培训后仍不能胜任工作，然后与其解除劳动合同。李威不服，不愿意在解除劳动合同的协议上签字，并向当地劳动争议仲裁委员会提出仲裁请求。

李威承认存在两次绩效考核，但是第二次绩效考核中的定性指标权重过高，影响了评估的客观性。同时，该公司并未向自己明示最终分数，未告知具体的考核标准及考核过程。所以，李威认为自己并不是不能胜任工作。

案例中，该公司的做法看似合法。该公司确实对员工进行了培训或者调整工作岗位，证明其仍不能胜任工作才解除劳动合同。但是，该公司与李威签订的《绩效改进计划》属于公司制订的工作计划和目标，并不属于专业技能、工作能力之类的培训。而且，该公司之后的绩效考核指标中的定性指标权重过高，使得绩效考核缺乏合理性、说服力。因此，仲裁委员会认定该公司以李威不能胜任工作为由解除劳动合同，是不合法的。

事实上，在"不能胜任工作"劳动争议中，企业的败诉率是非常高的。败诉的主要原因大致有以下几种：

1.对"不能胜任工作"定性不明，不能提供有效证据；

2.未履行培训和调岗义务；

3.混淆了不能胜任工作与不能从事工作；

4.将违反规章制度视为"不能胜任工作"。

所以，在实操中，企业管理者和人力资源部门不能随意以"不能胜任工作"为由直接解雇员工，而是应该先通过提供培训机会或调整工作岗位的方式，尝试解决员工未通过绩效考核、工作成绩不理想等问题。

法条链接

《劳动部关于〈中华人民共和国劳动法〉若干条文的说明》

第二十六条 有下列情形之一的,用人单位可以解除劳动合同,但是应当提前三十日以书面形式通知劳动者本人:

(一)劳动者患病或者非因工负伤,医疗期满后,不能从事原工作也不能从事由用人单位另行安排的工作的;

(二)劳动者不能胜任工作,经过培训或者调整工作岗位,仍不能胜任工作的;

(三)劳动合同订立时所依据的客观情况发生重大变化,致使原劳动合同无法履行,经当事人协商不能就变更劳动合同达成协议的。

本条第(一)项指劳动者医疗期满后,不能从事原工作的,由原用人单位另行安排适当工作之后,仍不能从事另行安排的工作的,可以解除劳动合同。

本条第(二)项中的"不能胜任工作",是指不能按要求完成劳动合同中约定的任务或者同工种、同岗位人员的工作量。用人单位不得故意提高定额标准,使劳动者无法完成。

……

第6节　试用期考核不合格的合规运用

对试用期员工进行绩效考核，最终目的不是得出绩效结果，而是利用考核选出合适人才。绩效考核指标可以包括：出勤、奖惩（占10分）；工作态度（责任心、积极性、原则性、纪律性等，占20分）；工作能力（专业知识、学习能力、业务能力、沟通能力、团队协作能力等，占30分）；工作成绩（项目或业绩完成情况、工作质量、工作效率等，占40分）。

企业在与员工签订劳动合同时，应当约定试用期绩效考核标准、录用条件、解雇期限等，即明确约定，试用期内员工经绩效考核后，有哪些情况属于达不到录用条件的情况。这样一来，企业对试用期员工做出不予录用处理并解除劳动合同时，才不会违法。

余芳芳是某广告公司新招入的平面设计师，与公司签订了为期两年的劳动合同，试用期为一个月。同时，劳动合同中约定，公司将对员工进行绩效考核，考核指标包括工作能力、工作态度、专业能力水平等，试用期满，员工若是考核不合格，公司将不予录用。

在试用期满前五天，公司通知余芳芳不予录用，因为其在试用期内能力不足，没能通过设计部主管的考核，并让其在绩效考核结果上签字确认。余芳芳不服，向当地劳动争议仲裁委员会申请仲裁，认为该公司违法解除劳动合同，要求恢复与该公司劳动关系。之后，该公司提供相应证据，包括劳动合同、绩效考核表、考核结果通知书等。

其中，该公司与余芳芳签订的劳动合同中有关于录用的详细条款：

试用期劳动者有以下情形之一的，即属于不符合录用条件：

（一）向用人单位提交伪造、变造、骗取的学历、学位、职称证书、资格（技能）证书，及有关单位或组织出具的各种文书或证明文件等；

（二）向用人单位提交的工作和社会经历、入职声明中存在不实信息，或就和用人单位存在利害关系的事项提供虚假证明或进行虚假描述；

（三）隐瞒和其他单位存在劳动关系；

（四）隐瞒现仍处于传染期的疾病；

（五）试用期内有任何违法犯罪行为，或受到《治安管理处罚法》处罚；

（六）试用期内请假天数（如事假、病假、婚丧假、孕产假等）超过试用期天数1/30的；

（七）工作中因失误导致其他有工作流程关系的岗位在1个工作日内返工、停工达到4小时，或延长工作时间超过2小时，或因工作技能不足，导致某项工作多次返工，或者无法完成；

（八）因工作失误、工作技能不足给公司带来超过××元损失。

同时，该公司对于试用期员工制订了专门的试用期考核方案，约定在试用期满前5日对其进行考核，考核内容、标准、方式都已经事先告知员工。在试用期考核标准中，明确规定设计类岗位，工作能力、工作成绩的权重比较高，分别占30分、40分。试用期内，专业知识低于3分、完成设计稿质量低于4分、工作效率低于3分、设计部主管评分低于80分，属于不符合录用条件的情况。

仲裁委员会经过调查审理，认定该公司提供的相关资料足以证明"不予录用"是合法的，不属于违法解除劳动合同。所以，仲裁委员会驳回了余芳芳请求。

由此可见，企业对试用期员工做"不予录用"处理应当合规合法，即必须事先约定录用条件、设计合理的考核方案，并且提供能够证明其不符合录用条件的证据。企业还需要注意解除劳动合同的期限——必须在试用期内，不能在试用期满之后再通知其"不予录用"。一旦超出试用期，企业就不能以试用期的相关规定来解除劳动合同了。

法条链接

《中华人民共和国劳动合同法》

第八十三条　用人单位违反本法规定与劳动者约定试用期的，由劳动行政部门责令改正；违法约定的试用期已经履行的，由用人单位以劳动者试用期满月工资为标准，按已经履行的超过法定试用期的期间向劳动者支付赔偿金。

第七章

特殊员工：做好特殊问题的处理

大多数企业往往存在一些特殊员工，比如"三期"女员工、医疗期员工、非全日制员工、外籍员工等。这些员工情况特殊，管理起来也比较麻烦。因此，企业管理者和人力资源负责人需要小心谨慎，管理好普通员工的同时也要保护特殊员工的权益。

第1节 "三期"女职工的权益

"三期"就是指孕期、产期、哺乳期，我国相关法律法规对于"三期"女员工有特殊保护的规定。在这些特殊时期，女员工的身体状况不稳定，身体各系统的负荷增加，因此法律规定除了产假外，"三期"女员工还可以享受以下多种权利，如图7-1所示。

图7-1 "三期"女员工的休假权利

其中，产检假是女员工需要在劳动时间进行产前检查时应享受的带薪假。企业不能按照事假、病假来处理，也不能因为女员工请产检假而扣其工资。不过，为了避免一些女员工借机逃避劳动，企业可以要求其提供医疗机构开具的产检记录、诊断证明等。

授乳假是女员工依法享有的哺乳时间。根据《女职工劳动保护特别规定》第九条规定，在劳动时间内，企业应当每天为哺乳期女职工安排1小时哺乳时间；如果是双胞胎的，需要每天增加1小时。

需要注意的是，产前假与产假是不同的，企业应该将两者区分开。根据《女职工劳动保护特别规定》，产前假为15天，包含在产假中。女职工在产假期间，企业应当依法发放工资，按照本人原工资的80%发放。员工涨工资时，也应当按照规定享受产前假、产假、哺乳假等，应按出勤对待。

怀孕流产的女员工，也有权利享受产假。怀孕未满4个月流产的，享受15天产假；怀孕满4个月流产的，享受42天产假。

另外，保胎假也是女员工应享受的法定休假权利。也就是说，女员工在怀孕期间因身体不适，需要保胎休息的，比如有先兆流产迹象的，都可以向企业申请休假。企业应当允许女员工带薪休假，不能扣减工资，不能拒绝其休假。

我国法律对于"三期"女员工的特殊保护，是因为其特殊需求而给予其特殊权益的法律保障。若是企业不能依法行事，侵犯"三期"女员工的合法权益，则需要承担法律责任。

姚芳是一家房地产公司的女员工，2022年12月怀孕，但是两个月后，因体质不好，出现先兆流产迹象，医生建议安心休养，不要太劳累。姚芳随即向公司申请休假一周，并请求调岗。公司管理者并不同意姚芳的休假请求，而是将她调换到相对清闲的工作岗位。

之后，姚芳身体状况转好，工作时领导和同事也对其照顾有加。然而，不好的事情还是发生了。2023年3月，姚芳身体突然不适，送入医院治疗后还是流产了。出院后，姚芳向公司提出休产假的要求，公司管理者却表示："你已经在家休息一周，身体已经基本恢复，应当及时返回岗位。而且，产假是员工在产期可以享受的待遇，你的情况不符合休产假的要求。"最后，公司管理者未允许姚芳休产假，重新给她安排了岗位。姚芳不服，向当地劳动争议仲裁委员会申请仲裁。

　　案例中，该公司有两处不合法的做法。第一，姚芳在怀孕期间身体不舒服，甚至出现先兆流产迹象，是可以向公司申请休假的。但是，公司管理者却拒绝其请求，这侵犯了其依法享受保胎假的权利。第二，姚芳怀孕未满4个月流产，依法可以享受15天的产假。但是公司管理者却拒绝其休假请求，这同样违反了《女职工劳动保护特别规定》。因此，该公司严重侵害了姚芳的健康权，劳动争议仲裁委员会支持姚芳的请求，判定该公司依法安排其休产假并给予经济补偿金。

　　当然，除了休假权，企业管理者还需要给予"三期"女员工更多的特殊保护，不能安排其从事不适合妇女的工作和劳动，比如在冷藏室工作、在高温环境工作，以及从事劳动强度大的工作等。

　　莫菲菲在一家食品加工厂做分拣员，平时从事需要频繁弯腰、搬抬的工作。2022年7月，莫菲菲检查出已怀孕5周，于是向厂领导提交一份医院的检查报告，要求调换岗位。厂领导表示，现在厂里人员少，一个萝卜一个坑，如果她调走了，就没有人能完成工作任务，所以希望莫菲菲克服一下困难，等到怀孕后期再安排其调岗。

　　结果，一个月后的某天，莫菲菲工作时身体不适，有出血迹象，送医后确诊为先兆流产，肚子里的孩子没能保住。为此，莫菲菲向当地劳动争议仲裁委员会提起仲裁，要求工厂支付赔偿和精神损失费。审理后，仲裁委员会认为该厂领导不顾及女员工的身体健康，强行让其从事不适合孕妇的工作，导致莫菲菲流产，这严重侵害了其健康权，理应给予赔偿。

所以说，对于"三期"女员工的管理，企业管理者和人力资源负责人应格外谨慎，明确其合法权益，保护其身体健康，这样才能避免纠纷和风险。

法条链接

《女职工劳动保护特别规定》

第六条 女职工在孕期不能适应原劳动的，用人单位应当根据医疗机构的证明，予以减轻劳动量或者安排其他能够适应的劳动。

对怀孕7个月以上的女职工，用人单位不得延长劳动时间或者安排夜班劳动，并应当在劳动时间内安排一定的休息时间。怀孕女职工在劳动时间内进行产前检查，所需时间计入劳动时间。

第七条 女职工生育享受98天产假，其中产前可以休假15天；难产的，增加产假15天；生育多胞胎的，每多生育1个婴儿，增加产假15天。

女职工怀孕未满4个月流产的，享受15天产假；怀孕满4个月流产的，享受42天产假。

第九条 ……用人单位应当在每天的劳动时间内为哺乳期女职工安排1小时哺乳时间；女职工生育多胞胎的，每多哺乳1个婴儿每天增加1小时哺乳时间。

第2节　医疗期的时间规定

对于医疗期员工，企业可能面临各种各样的问题。比如，如何计算医疗期的期限？医疗期满后是让其回到原岗位，还是另行安排工作，还是终止劳动关系？医疗期满后，员工是否需要延长治疗时间？医疗期如何发放工资？

对于这些问题，我国的《劳动法》《劳动合同法》以及其他相关法律都有明确规定，企业需要合理合法地处理，避免与员工之间产生纠纷。具体来说，企业要注意以下几点，如图7-2所示。

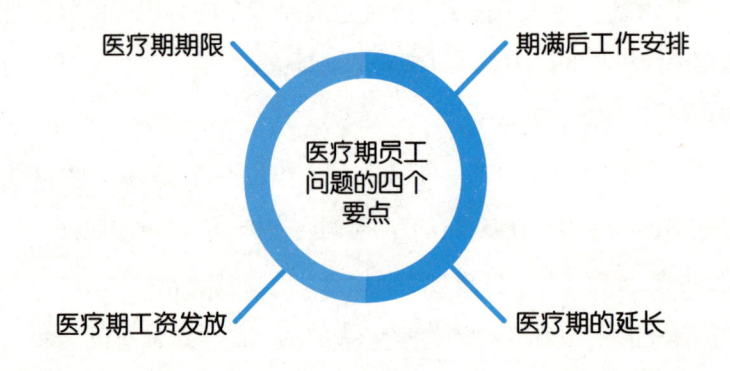

图 7-2　医疗期员工问题的四个要点

1.如何计算医疗期的期限。

之前我们讲过，员工的医疗期是根据其工作年限来确定的。《企业职工患病或非因工负伤医疗期规定》中提到，企业职工因患病或非因工负伤，需要停止工作进行医疗时，根据本人实际参加工作的年限和在本单位工作的年限，给予3个月到24个月的医疗期。

具体来说，（一）实际工作年限10年以下的，在本单位工作年限5年以下的，医疗期为3个月，5年以上的，医疗期为6个月；（二）实际工作年限10年以上的，在本单位工作年限5年以下的，医疗期为6个月，5年以上10年以下的，医疗期为9个月；10年以上15年以下的为12个月；15年以上20年以下的为18个月；20年以上的为24个月。

在计算医疗期时，需要从病休的第一天算起，包括公休、假日和法定节日。员工可以连续休病假，也可以间断性休病假。比如，某员工的医疗期为3个月，2022年10月1日开始停工连续休病假，那么2023年1月1日结束；如果从2022年10月1日开始阶段性休病假，每次休10天，那么累计休息满3个月，则视为医疗期满。

2.医疗期满后，如何安排员工工作。

医疗期满后，如果员工能从事原工作，企业可以安排其从事原工作；如果员工不能从事原工作，企业可以另行安排其他工作岗位。如果员工不能从事原工作，也不能从事另行安排的工作，企业应当根据劳动鉴定委员会对其劳动能力的鉴定，合法合理地对员工进行安排，或是办理退休手续，或是解除劳动合同。

杨某某于2016年进入某公司工作，2022年6月因为患病导致下肢瘫痪，所以向公司请假。因需继续住院治疗，杨某某通过微信向部门主管请求继续请假，该主管确认收到消息。7月15日，该公司与杨某某协商解除劳动关系，杨某某不同意，于是向当地劳动争议仲裁委员会申请仲裁，要求该公司支付违法解除劳动关系赔偿金、病假期间工资以及医疗补助费等。

显然，在医疗期内该公司与杨亚洲解除劳动关系的行为是违法的，理应赔偿其经济损失。同时，杨亚洲也可以向企业要求支付病假期间工资以及医疗补助费，因为根据现有法律规定，在劳动合同合法终止的情况下，员工是可以获得病假工资和医疗补助费的。

根据《企业职工患病或非因工负伤医疗期规定》第六条，由劳动鉴定委员会参照工伤与职业病致残程度鉴定标准，对员工进行劳动能力的鉴定，被鉴定为一至四级的，可以安排其退出劳动岗位，终止劳动关系，办理退休、退职手续；被鉴定为五至十级的，医疗期内不得与员工解除劳动合同。

需要注意的是，以上所说的不能从事原工作，也不能从事另行安排的工作，是指员工因病或非因工负伤导致丧失劳动能力。在这种情况下，企业根据劳动法律的规定是可以与其解除劳动合同的。

但是如果在医疗期内，员工的劳动合同就算已经到期，企业也不可以与其解除劳动合同，必须将劳动合同顺延到医疗期满之后，才能解除。

3.医疗期满后，是否可以延长医疗期。

医疗期是根据员工的实际工龄来计算的。那么，如果一名员工的医疗期为3个月，但是医疗期满后仍需要继续治疗的话，是否可以延长医疗期呢？

事实上是可以的。根据《关于贯彻〈企业职工患病或非因工负伤医疗期规定〉的通知》，对于患有特殊疾病的员工，比如癌症、精神病、瘫痪等，在24个月医疗期满后尚不能痊愈的，经企业和劳动主管部门批准后，是可以延长医疗期的。另外，对于延长医疗期，企业也有一定自主权，可以根据当地规定、员工对企业的贡献来确定延长医疗期的长短。

4.医疗期工资如何发放。

在医疗期内，企业需要依法发放员工的工资，不得随意拖欠和扣减。按照相关法律规定，医疗期的工资不能低于当地最低工资标准的80%。

法条链接

《企业职工患病或非因工负伤医疗期规定》

第三条 企业职工因患病或非因工负伤，需要停止工作医疗时，根据本人实际参加工作年限和在本单位工作年限，给予三个月到二十四个月的医疗期：

（一）实际工作年限十年以下的，在本单位工作年限五年以下的为三个月；五年以上的为六个月。

（二）实际工作年限十年以上的，在本单位工作年限五年以下的为六个月；五年以上十年以下的为九个月；十年以上十五年以下的为十二个月；十五年以上二十年以下的为十八个月；二十年以上的为二十四个月。

第六条 企业职工非因工致残和经医生或医疗机构认定患有难以治疗的疾病，在医疗期内医疗终结，不能从事原工作，也不能从事用人单位另行安排的工作的，应当由劳动鉴定委员会参照工伤与职业病致残程度鉴定标准进行劳动能力的鉴定。被鉴定为一至四级的，应当退出劳动岗位，终止劳动关系，办理退休、退职手续，享受退休、退职待遇；被鉴定为五至十级的，医疗期内不得解除劳动合同。

第3节　未成年工需要特殊保护

未成年工是已满16周岁、未满18周岁的劳动者。未成年工是一种特殊的劳动者，企业应该提高法律意识，重视和加强对于这一人群的保护，不能有意无意地侵犯其合法权益。换句话说，对于未成年工，我国法律是允许企业招用的，但是必须为其提供特殊保护。

在处理与未成年工的劳动关系时，企业管理者和人力资源部门需要注意以下几个重点问题，如图7-3所示。

招用未成年工的四个重点：
01 依法办理登记手续
02 提供上岗培训
03 定期进行身体检查
04 不安排法定禁止的工作

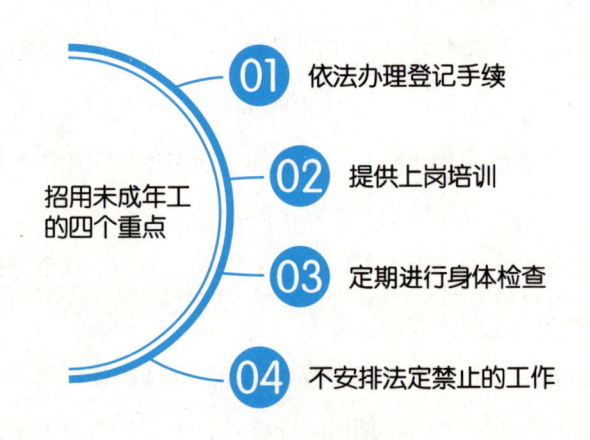

图7-3　招用未成年工的四个重点

1.依法办理登记手续。

企业招用未成年工，需要到所在地的县级以上劳动部门办理登记手续。劳动部门根据《未成年工健康检查表》《未成年工登记表》，核发未成年工登记证。未成年人必须持有登记证，才能上岗。

2.提供上岗培训。

未成年工上岗前，企业需要对其进行职业安全卫生教育和培训。

3.定期进行身体检查。

因为未成年人处于生长发育期，人体器官尚未完全成熟，体力比较弱，所以企业必须定期对其进行身体检查，以确保其身体健康成长。相关检查费用，应当由企业统一承担，不能让未成年工个人承担。

一般来说，未成年工上岗之前、工作满1年、年满18周岁，或距前一次的体检时间已超过半年时，企业都需要安排身体检查。身体检查后，企业要为其安排适合的劳动岗位，如果未成年工不能胜任原岗位，企业应该减轻其劳动量或安排其他岗位。

4.禁止安排未成年工从事矿山井下、有毒有害、国家规定的第四级体力劳动强度的劳动和其他禁忌从事的劳动。

关于这一点，《未成年工特殊保护规定》做出明确规定，主要包括以下17种：

（一）《生产性粉尘作业危害程度分级》国家标准中第一级以上的接尘作业；

（二）《有毒作业分级》国家标准中第一级以上的有毒作业；

（三）《高处作业分级》国家标准中第二级以上的高处作业；

（四）《冷水作业分级》国家标准中第二级以上的冷水作业；

（五）《高温作业分级》国家标准中第三级以上的高温作业；

（六）《低温作业分级》国家标准中第三级以上的低温作业；

（七）《体力劳动强度分级》国家标准中第四级体力劳动强度的作业；

（八）矿山井下及矿山地面采石作业；

（九）森林业中的伐木、流放及守林作业；

（十）工作场所接触放射性物质的作业；

（十一）有易燃易爆、化学性烧伤和热烧伤等危险性大的作业；

（十二）地质勘探和资源勘探的野外作业；

（十三）潜水、涵洞、涵道作业和海拔三千米以上的高原作业（不包括世居高原者）；

（十四）连续负重每小时在六次以上并每次超过二十公斤，间断负重每次超过二十五公斤的作业；

（十五）使用凿岩机、捣固机、气镐、气铲、铆钉机、电锤的作业；

（十六）工作中需要长时间保持低头、弯腰、上举、下蹲等强迫体位和动作频率每分钟大于五十次的流水线作业；

（十七）锅炉司炉。

对未成年工的特殊保护，是由国家强制采取的一些保护措施。因此，在实操中，企业管理者和人力资源部门不能违反相关法律法规的规定，而应当以保护未成年工的健康和安全为前提，再要求其履行劳动义务。

张华今年17周岁，因家庭贫困、学习成绩较差而失去继续接受教育的机会。之后，张华跟着老乡到成都一家工厂打工，因为其年龄小，领导给他安排了后勤保障工作。后来，由于装卸类岗位人手短缺，工厂运输任务紧，领导又安排张华从事货物装卸工作，且时常需要加班加点。

张华感觉当前工作非常繁重，时常累得自己直不起腰，便向领导提出换回原来的工作。领导却以工厂工作任务重、人手少为由拒绝他，同时表示张华领取的工资与其他人一样，理应从事相同的工作。

一段时间后，张华实在不堪忍受，向领导提出离职，并向当地劳动争议仲裁委员会提出仲裁请求，要求该工厂给予自己经济赔偿。劳动争议仲裁委员会判定该工厂强迫未成年工从事劳动强度大的工作，损害了其身体健康，已经违反了《劳动法》，对工厂进行了罚款，并支持张华的赔偿请求。

法条链接

1.《中华人民共和国劳动法》

第五十八条　国家对女职工和未成年工实行特殊劳动保护。未成年工是指年满十六周岁未满十八周岁的劳动者。

第六十四条　不得安排未成年工从事矿山井下、有毒有害、国家规定的第四级体力劳动强度的劳动和其他禁忌从事的劳动。

2.《中华人民共和国职业病防治法》

第三十八条　用人单位不得安排未成年工从事接触职业病危害的作业；不得安排孕期、哺乳期的女职工从事对本人和胎儿、婴儿有危害的作业。

第4节　聘用外籍员工的条件

外籍员工也是一种特殊员工，企业管理者和人力资源部门在处理相关问题时也需要谨慎小心。外籍员工必须满足一些条件和要求后才可以在我国合法就业。企业如果不能合法聘用外籍员工,将面临受到经济处罚的法律风险。

具体来说,企业聘用外籍员工必须满足以下条件,如图7-4所示。

外国人自身的条件
年龄、健康状况、能力、无犯罪记录、身份证件、许可证件等

企业需要准备的文件
申请表、员工履历、聘用意向、聘用原因等

企业需要满足的要求
非个体组织或个人、社保与福利、合同期限等

图7-4 聘用外籍员工的三方面条件

1.外国人自身的条件。

并非所有外国人都可以在我国就业,外国人在我国就业必须办理就业手续,拿到就业许可证和就业证。

办理就业手续的外籍人员需要满足以下条件:年满18周岁,身体健康;具有从事其工作所必需的专业技能和相应的工作履历;无犯罪记录;有确定的聘用单位;持有有效护照或能代替护照的其他国际旅行证件;入境后取得外国人就业证和外国人居留许可证件。

2.企业需要准备的资料文件。

企业需要填写《聘用外国人就业申请表》,向与劳动行政主管部门同级的行业主管部门提出申请,并且提供相关有效文件。相关部门签发许可证书后,外国人才能依法到有聘用外国人资质的单位就业。

其中文件包括：拟聘用的外籍员工的履历证明，聘用意向书，拟聘用外国人原因的报告，拟聘用的外国人从事该项工作的资格证明，拟聘用的外国人健康状况证明，法律、法规规定的其他文件。

3.企业必须满足法定要求。

并不是所有经济主体都可以聘用外籍人员，聘用外国人的用人单位必须是依法设立的企业法人、社团法人、民办非企业单位等。个体经济组织和公民个人是不能聘用外籍人员的。

与雇佣我国公民一样，雇佣外籍人员的时候，用人单位须提供符合法律规定的工作条件、福利待遇，必须为其缴纳社会保险。与外籍员工签订劳动合同的最长期限不得超过五年，合同期满后，必须履行手续后才能续签。

在我国，用人单位如果招用未经批准就业的外国人，或者没有合法合规地聘用外国人，便会受到行政处罚。

某教育培训机构聘用三名外国留学生作为外教，教授学生英语课程。但是这三名外教没有教学经验，导致教学质量难以得到保证，一些学生上了半年课程，口语交际能力和英语学习成绩都未得到提升。当一些学生家长得知这些外教只是某大学的留学生后，便向主管部门进行举报。

接到举报之后，该主管部门联合教育局和人社局进行调查，发现该培训机构根本没有向当地劳动保障行政部门报批，而这三名外籍人员也未得到许可证。很显然，该培训机构的行为属于非法聘用外籍员工，而这三名外籍人员的行为则属于在中国境内非法就业。根据《中华人民共和国出境入境管理法》和《外国人在中国就业管理规定》的相关规定，相关部门终止了双方的非法雇佣，并对双方处以罚款。

由此可见，企业在聘用外籍员工时，一定要严格遵守相关法律法规，尽可能降低非法用工带来的法律风险。如果企业涉嫌非法聘用外籍人员，不仅可能被处以罚款，还可能要承担外国人被遣送出境所需的费用。因为外国人涉嫌"非法就业"，后果严重的话，可能面临被遣送出境的处罚。而根据《外国人入境出境管理条例》规定，外国人被遣送出境所需的费用由本人承担；本人无力承担的，属于非法就业的，由非法聘用的单位、个人承担。

法条链接

1.《外国人在中国就业管理规定》

第十一条　用人单位聘用外国人，须填写《聘用外国人就业申请表》，向其与劳动行政主管部门同级的行业主管部门提出申请，并提供下列有效文件：

（一）拟聘用外国人履历证明；

（二）聘用意向书；

（三）拟聘用外国人原因的报告；

（四）拟聘用的外国人从事该项工作的资格证明；

（五）拟聘用的外国人健康状况证明；

（六）法律、法规规定的其他文件。

2.《中华人民共和国出境入境管理法》

第四十三条　外国人有下列行为之一的，属于非法就业：

（一）未按照规定取得工作许可和工作类居留许可证件在中国境内工作的；

（二）超出工作许可限定范围在中国境内工作的；

（三）外国留学生违反勤工助学管理规定，超出规定的岗位范围或者时限在中国境内工作的。

第5节　非全日制用工的风险管理

与全日制员工不同，非全日制员工在工作时间、薪酬计算等方面都具有独特性。具体来说，非全日制用工就是以小时计酬为主，在同一用人单位每日平均工作时间不超过4小时，每周工作时间累计不超过24小时的用工方式。其工资计算公式如下：

非全日制用工工资＝小时工资标准×实际工作小时数

比如，某企业聘用保洁工采用的是非全日制方式，约定每天工作3小时，小时工资标准为15元，如果保洁工当月累计工作60小时，那么当月工资便是900元。

需要注意的是，非全日制用工的工资发放也有不同之处，我国相关法律做出如下规定：劳动合同不超过一个月的，工资按小时核算，合同期满一次性发放；超过一个月的，工资按小时核算，半月发放一次。所以，如果该公司与保洁工签订的劳动合同超过一个月，需要半个月发一次工资，而不能一个月发一次。

非全日制用工是一种非常灵活的用工方式，企业使用非全日制用工方式的也越来越多。所以，对于非全日制员工，企业应当根据其特殊性进行管理，有效地规避法律风险。具体来说，企业需要关注其以下几个特点，如图7-5所示。

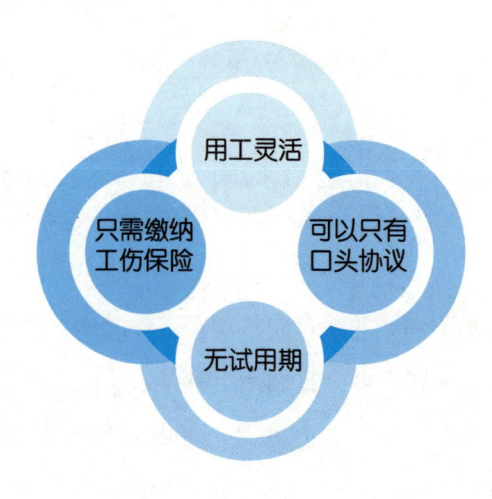

图 7-5　非全日制用工的四个特点

1. 非全日制用工的灵活性。

非全日制用工可以随时终止用工，企业不需要支付经济补偿金，同时可以根据业务需要，灵活调整用工人数。

2. 企业不得约定试用期。

《劳动合同法》第七十条规定：非全日制用工的双方当事人不得约定试用期。企业与非全日制员工签订劳动合同时，若是约定试用期，便违反了《劳动合同法》，将产生劳动纠纷。

3. 企业只需要给非全日制员工提供工伤保险。

苏东是一名在校大学生，利用空闲时间在一家软件公司兼职。双方签订了劳动合同，约定苏东每周一、三、五上午到公司工作，每周工作12小时，工资是每小时50元。该公司认为苏东只是兼职，并未给其缴纳社会保险费。2023年2月7日，苏东按时来公司上班，因意外导致头部受伤，出现轻微脑震荡症状。

该公司管理者将苏东送至医院治疗，支付全部医疗费，同时与其解除劳动合同。苏东认为自己在工作时受伤，理应算工伤，要求公司承担工伤赔偿责任。该公司管理者并不同意，于是苏东以该公司未给其缴纳工伤保险为由向当地劳动争议仲裁委员会申请仲裁。

显而易见，该公司的做法是不合法的。当地劳动争议仲裁委员会经调查，判定该公司应当给予苏东应享受的工伤待遇。

所以，为非全日制员工缴纳全部社保，并不是企业的强制性义务。但是，工伤保险是企业必须为非全日制员工缴纳的。如果企业缺乏法律意识或忽视这一问题，将面临着法律风险和赔偿责任。

4.企业与非全日制员工可以只有口头协议。

在签订书面劳动合同还是只需口头协议上，法律并没有明确规定。但是，为了明确双方的权利与义务，规避不必要的法律风险，企业最好与其签订书面劳动合同。

法条链接

1.《中华人民共和国劳动合同法》

第六十八条　非全日制用工，是指以小时计酬为主，劳动者在同一用人单位一般平均每日工作时间不超过四小时，每周工作时间累计不超过二十四小时的用工形式。

第七十条 非全日制用工双方当事人不得约定试用期。

第七十一条 非全日制用工双方当事人任何一方都可以随时通知对方终止用工。终止用工，用人单位不向劳动者支付经济补偿。

2.《关于非全日制用工若干问题的意见》

第十二条 用人单位应当按照国家有关规定为建立劳动关系的非全日制劳动者缴纳工伤保险费。从事非全日制工作的劳动者发生工伤，依法享受工伤保险待遇；被鉴定为伤残5—10级的，经劳动者与用人单位协商一致，可以一次性结算伤残待遇及有关费用。

第6节 劳务派遣人员的风险管理

劳务派遣，也称人力派遣、人才租赁，是由劳务派遣机构与派遣劳工订立劳动合同，把员工派向用人单位工作，再由用人单位向劳务派遣机构支付服务费，劳务派遣机构向员工支付报酬的一种用工形式。

对于用人单位来说，采取劳务派遣的用工方式不仅可以降低成本费用，还可以简化管理程序，减少劳动争议。这种用工方式包含三种关系，即派遣单位与被派遣人才的隶属关系、派遣单位与用人单位的合作关系、被派遣人才与用工单位的工作关系，如图7-6所示。

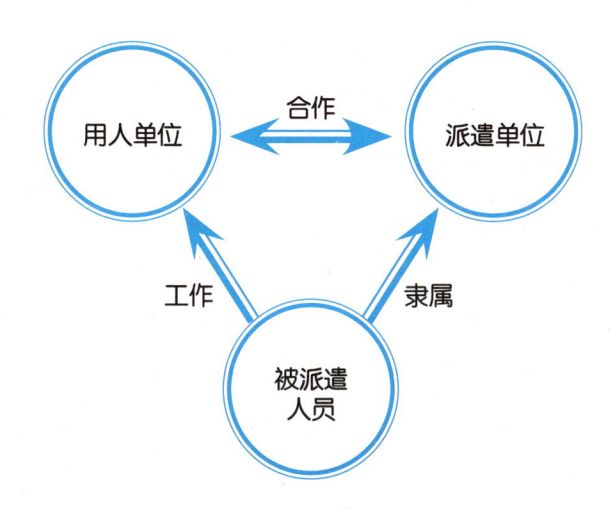

图 7-6　劳务派遣用工的关系图

这样一来，用人单位只需要让员工完成工作并对其进行工作考核就可以了，其他问题，包括发放工资、缴纳社会保险、签订劳动合同、解除劳动合同等，可以全部都交给派遣单位。

那么，是不是在劳动派遣用工中，用人单位不需要承担任何法律风险呢？并非如此。

根据我国法律法规规定，在派遣工发生工伤时，用人单位是需要承担连带责任的。这个过程中，劳务派遣单位应当依法申请工伤认定，用人单位应当协助其工伤认定的调查工作。派遣单位承担工伤保险责任之后，可以向用人单位要求补偿。

同时，派遣期间，员工在工作时对他人造成侵害的，用人单位需要承担侵权责任，劳务派遣单位有过错的，应承担补充责任。根据《民法典》规定：劳务派遣期间，被派遣的工作人员因执行工作任务造成他人损害的，由接受劳务派遣的用工单位承担侵权责任；劳务派遣单位有过错的，承担相应的补充责任。

如果用人单位认为被派遣的员工是派遣单位负责管理的，其工资、社会保险等费用都由派遣单位负责，即便员工发生了工伤，也无需自己负责，甚至不积极配合派遣单位的工伤认定，将给自身带来不小的麻烦和纠纷。

为节省成本、规避用工风险，某装饰公司与某劳务派遣单位签订劳务派遣协议，约定由劳务派遣单位向该公司派遣10名装修工人。田勇是这批派遣工中的一员，工作一段时间后，他不小心从梯子上摔下来导致左腿摔断，手臂、头部也有不同程度轻伤。

痊愈后，田勇要求该装饰公司给予工伤待遇，该公司管理者认为田勇是与劳务派遣公司签订的劳动合同，且公司与劳务派遣公司签订了劳务派遣协议，约定派遣工发生任何事故都由劳务派遣单位承担责任，因此声称田勇是否工伤、是否需要赔偿都与本公司无关。

于是，田勇向该劳务派遣公司要求工伤赔偿，却发现该公司并未给员工缴纳工伤保险费。因此，田勇将该劳务派遣公司与该装修公司一并告上了法庭。经人民法院审理，判决劳务派遣公司未给田勇缴纳工伤保险，需要支付其相应的治疗费用、停工留薪期工资以及一次性医疗补助金等工伤待遇；同时，该装修公司需要承担连带赔偿责任。

所以，企业是无法通过劳务派遣用工的方式转移全部用工风险的。企业在采用劳务派遣用工方式时，一定要选择渠道正规、信誉较好的劳务派遣公司，审查其与员工签订的劳动合同是否合法，社会保险是否依法缴纳。同时，企业要依法用工，积极配合劳务派遣公司的绩效考核核查以及工伤认定核查，这样才能避免给自己造成不必要的损失。

最后，企业管理者还需要注意，根据《劳动合同法》相关规定，企业应当按照同工同酬原则，给予被派遣工与本单位同类岗位员工相同的工资，不能区别对待。

法条链接

1.《中华人民共和国劳动合同法》

第六十三条 被派遣劳动者享有与用工单位的劳动者同工同酬的权利。用工单位应当按照同工同酬原则，对被派遣劳动者与本单位同类岗位的劳动者实行相同的劳动报酬分配办法。用工单位无同类岗位劳动者的，参照用工单位所在地相同或者相近岗位劳动者的劳动报酬确定。

……

第九十二条 ……用工单位给被派遣劳动者造成损害的，劳务派遣单位与用工单位承担连带赔偿责任。

2.《中华人民共和国民法典》

第一千一百九十一条 用人单位的工作人员因执行工作任务造成他人损害的，由用人单位承担侵权责任。用人单位承担侵权责任后，可以向有故意或者重大过失的工作人员追偿。

劳务派遣期间，被派遣的工作人员因执行工作任务造成他人损害的，由接受劳务派遣的用工单位承担侵权责任；劳务派遣单位有过错的，承担相应的责任。

第7节 退休人员返聘的风险管理

因为用工成本低，企业返聘退休人员的情况是非常常见的。但是由于对退休人员返聘的法律风险认识不充分，企业与其发生纠纷的情况也很常见。那么，退休人员返聘有哪些需要防范的法律风险呢？想要规避风险，企业管理者和人力资源负责人需要先了解哪些问题？具体有以下几点，如图7-7所示。

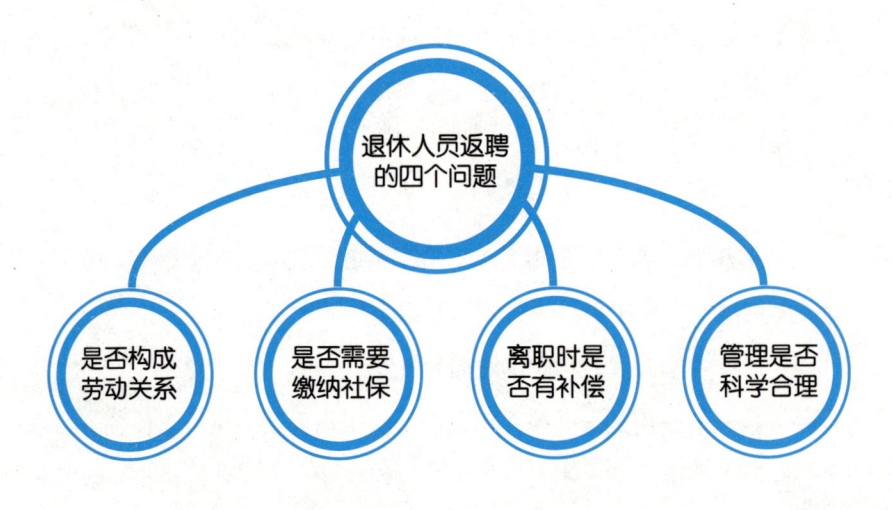

图 7-7 退休人员返聘的四个问题

1.退休返聘是否构成劳动关系。

退休返聘人员与企业是否构成劳动关系，关键看其是否享受养老保险待遇或领取退休金。

根据《劳动合同法》以及最高人民法院相关司法解释的规定，享受养老保险待遇或领取退休金的退休人员，与企业构成劳务关系，双方可以签订劳务合同。

而对于未享受养老保险或领取退休金的，是否与企业构成劳动关系还存在争议。在司法实践中，不同地区的裁判观点也不同。一种观点认为，已经达到法定退休年龄，与用人单位未解除劳动关系，仍继续用工，且未按规定办理退休手续的，与企业构成劳动关系。另一种观点则认为，已到法定退休年龄的，不符合劳动关系中劳动者的主体资格，应认定与企业构成劳务关系。

所以，企业在返聘退休人员时，需要注意其是否已经享受养老保险待遇，是否符合劳动关系中劳动者的主体资格，然后依法签订劳动合同或者劳务合同。

2.退休返聘员工是否需要缴纳社保。

社会保险是建立在劳动关系基础上的，当企业与退休返聘人员构成成劳务关系时，是不需要为其缴纳社保的。

但是，企业应该为其购买工伤保险，以便减少工伤或死亡时给企业带来的经济损失。因为即便企业与退休返聘人员是劳务关系，如果员工发生意外，企业未给其缴纳工伤保险的话，也需要承担民事赔偿责任。

3.退休返聘员工离职时是否有经济补偿金。

根据《劳动合同法》规定，经济补偿金的支付是发生在劳动关系解除或终止时的。如果退休返聘人员与企业构成劳动关系，企业就需要支付经济补偿金；如果退休返聘人员与企业构成劳务关系，则不需要支付经济补偿金。

4.是否进行科学合理的管理。

在管理退休返聘人员时，企业还需要建立科学合理的退休返聘人员管理制度，依照规章制度对其进行严格管理。比如，企业要明确与退休返聘人员的法律关系、各自的责任，要定期组织身体检查，明确劳务协议解除和终止的条件；再比如，企业要根据自身实际需要和退休返聘人员的身体状况，科学合理地安排其工作时间、工作强度、工作内容，避免出现工伤或意外事故。

重视以上问题，企业才能实现节约成本、防范用工风险的目的。

2021年4月，某公司为老员工张工办理了退休手续，张工开始享受养老保险待遇。同年7月，该公司管理者认为张工工作能力强、技术精湛，于是与其签订返聘协议和劳务合同。该公司人力资源部门认为不需要为退休返聘人员办理社保，便未给张工缴纳社保，包括工伤保险费。一年后，张工在工作期间因为工作强度大、没有休息好而突发心梗，治疗无效后离世。张工家属认为张工是工伤，要求该公司承担赔偿责任。

张工与该公司属于劳务关系，该公司可以不给其缴纳社保，但是需要为其缴纳工伤保险，以减少经济赔偿责任。因为相关法律规定，员工在工作时间和工作岗位上，突发疾病死亡或者在48小时之内经抢救无效死亡的，属于工伤。显然，张工因工作强度大、没有休息好而突发疾病去世，属于工伤死亡的范围。

《最高人民法院关于审理人身损害赔偿案件适用法律若干问题的解释》规定，雇员在从事雇佣活动中遭受人身损害，雇主应当承担赔偿责任。因此，公司应当承担赔偿责任。

法条链接

1.《最高人民法院关于审理人身损害赔偿案件适用法律若干问题的解释》

第三条　依法应当参加工伤保险统筹的用人单位的劳动者，因工伤事故遭受人身损害，劳动者或者其近亲属向人民法院起诉请求用人单位承担民事赔偿责任的，告知其按《工伤保险条例》的规定处理。

因用人单位以外的第三人侵权造成劳动者人身损害，赔偿权利人请求第三人承担民事赔偿责任的，人民法院应予支持。

2.《最高人民法院关于审理劳动争议案件适用法律问题的解释（一）》

第三十二条　用人单位与其招用的已经依法享受养老保险待遇或者领取退休金的人员发生用工争议而提起诉讼的，人民法院应当按劳务关系处理。

第八章

离职与裁员：消除人才流动的潜在风险

企业进行人力资源管理时，员工离职、企业与员工解除劳动关系、企业进行经济性裁员等情形并不少见。这个过程中，不规范的离职程序和解除劳动关系程序可能给企业带来潜在的法律风险。因此，企业管理者和人力资源部门需要按照法定程序来操作，消除人才流动带来的法律风险。

第1节　协商一致解除劳动合同

在多数情况下，企业与员工解除劳动合同都是采取协商一致的方式，即双方就劳动合同的解除事宜达成一致意见。只要双方不违反法律的强制规定，这种解除劳动合同的行为就是合法的。

其实，《劳动法》《劳动合同法》都对于协商一致解除劳动合同进行了明确规定。《劳动法》第二十四条规定，经劳动合同当事人协商一致，劳动合同可以解除。《劳动合同法》第三十六条规定，用人单位与劳动者协商一致，可以解除劳动合同。

所以，协商一致解除劳动合同是指用人单位和劳动者经过协商，最终决定解除劳动合同的一种行为。它是有效解决劳动争议的途径之一，那么，是不是员工与企业协商一致解除劳动合同就不会产生纠纷，企业就不需要承担任何法律风险呢？

并不是。与员工协商一致解除劳动合同时，企业管理者和人力资源部门也需要注意一些关键性问题，如图8-1所示。

1.关于经济补偿金的支付。

根据《劳动合同法》的规定，如果是劳动者首先提出解除劳动合同，企业不需要支付经济补偿金；如果企业首先提出解除劳动合同，那就需要向员工支付经济补偿金。

第八章 离职与裁员：消除人才流动的潜在风险

1. 经济补偿金的支付
2. 协商一致后书面确认
3. 劳动合同本就合法
4. 明确解除日期
5. 完成工作交接
6. 明确竞业限制义务

图 8-1 协商解除合同的六个关键问题

所以，如果员工有辞职的想法，但并未提交书面的辞职申请，管理者和人力资源部门最好不要先提出解除劳动合同的要求。如果员工只是口头提出辞职申请，企业管理者和人力资源部门一定要让其提出书面的辞职申请，并且签字确认，这样才能规避不必要的法律风险。

高欢是某科技公司的员工，与公司签订了为期五年的劳动合同。三年后，高欢认为大城市压力太大了，想回老家发展，便有了辞职的想法，向老板口头提出了辞职申请。老板了解情况后，主动提出与高欢解除劳动合同。

劳动合同解除后，高欢要求公司向其支付经济补偿金，但是老板认为是高欢首先提出辞职的，且双方就解除劳动合同事宜协商一致，不需要再支付其经济补偿金。高欢不服，向当地劳动争议仲裁委员会申请仲裁。

案例中，该公司与高欢是协商一致解除劳动合同的，但是，高欢只是口头提出辞职，并没有提交书面的辞职报告，该公司老板也不能拿出有效证据证明员工已经通过口头方式辞职，所以劳动争议仲裁委员会判定是该公司首先提出解除劳动合同的要求，应当向高欢支付经济补偿金。

2.与员工协商一致后，再书面确认。

企业如果要与员工提前解除劳动合同，应该先与其协商，协商达成一致后，再进行书面确认，而不是直接以书面的形式通知。企业直接书面通知员工与其解除劳动合同，如果员工不同意并申请仲裁，那么企业很可能被认定为违法解除劳动合同，面临支付相应经济赔偿金的风险。

3.协商解除的劳动关系必须是依法建立的。

任何权利的行使都应该是以不违法为前提的，协商一致解除劳动合同也是如此。如果双方并非劳动合同关系，或者劳动合同无效，那么企业也需要承担法律风险和损失。

比如，劳动合同中存在无效条款（如限制女员工结婚、生育的内容），就算签订和解除劳动合同都是双方协商一致的，企业也需要向员工支付相应的经济补偿金。

4.明确劳动合同解除的具体日期，即双方劳动关系结束日期。

5.明确员工应完成的工作交接事项，交接工作完成之后不得以公司名义从事任何活动。

6.对于那些涉及商业秘密、知识产权等竞业限制的员工，应该在协商解除劳动合同的协议中明确规定其应当履行的义务。

法条链接

1.《中华人民共和国劳动法》

第二十四条　经劳动合同当事人协商一致，劳动合同可以解除。

2.《中华人民共和国劳动合同法》

第三十六条　用人单位与劳动者协商一致，可以解除劳动合同。

第三十七条　劳动者提前三十日以书面形式通知用人单位，可以解除劳动合同。劳动者在试用期内提前三日通知用人单位，可以解除劳动合同。

第2节　员工主动离职的注意事项

员工离职的原因有很多，如果员工因为个人原因主动辞职，企业应该让员工主动提交离职申请，对其离职申请进行审批，然后依法办理相关手续。

根据《劳动法》规定，员工如果提出离职，需要提前30日以书面形式通知企业。如果企业管理者和人力资源部门没有让员工提交书面离职申请，可能因为无法举证证明员工是主动离职，而被认定为违法解除劳动合同。

那么，如果员工主动提交离职申请，企业管理者或人力资源部门是不是可以要求其提前离职呢？

2022年11月1日，李明向所在公司提出离职，并递交《辞职通知书》，载明离职日期为12月1日。11月3日，在部门主管和人力资源部门安排下，双方完成工作交接，同时人力资源部门通知李明第二天离职并办理离职手续，工资计至离职当天。

李明认为该公司要求自己提前离职的行为属于违法解除劳动合同，于是要求公司支付违法解除劳动合同赔偿金和11月3日到12月1日的工资，共计8000元。双方协商未果，李明向当地劳动争议仲裁委员会申请仲裁。

仲裁委员会并未支持李明的请求，李明不服，向人民法院起诉。人民法院审理认为，根据《劳动合同法》第三十七条规定，劳动者提前30日以书面形式通知用人单位，可以解除劳动合同，该条是关于劳动者单方解除劳动合同的程序的规定。它赋予了劳动者单方无原因解除劳动合同的权利，但是并未规定用人单位必须等到劳动者通知辞职30天以后才能同意其离职。所以，该公司根据工作需要提前通知李明离职并办理离职手续，属于公司的用工自主权，并不违法。最后，人民法院判定李明的起诉请求不成立，不予支持。

由此可见，员工主动提交离职申请后，企业提前为其办理离职手续并不违法。但是，企业也需要注意其他问题，以规避一些法律风险，如图8-2所示。

第八章 离职与裁员：消除人才流动的潜在风险　　181

　　○ 开具离职证明　　　○ 当日结清工资　　　○ 保存劳动合同

图 8-2　员工主动离职时要注意的三个问题

1.依法为员工开具离职证明或解除劳动合同证明。

对于离职员工来说，离职证明或解除劳动合同证明是其入职新公司、办理失业保险所需的重要材料。所以，企业管理者和人力资源部门有必要为其开具相关证明，并及时为其办理档案和社保关系转移手续。

同时，如果企业需要与员工签订保密协议或竞业限制协议，应当在离职证明或解除劳动合同证明中载明，避免与新公司产生纠纷。

2.离职手续办理好后，当日结清其工资，而不是延后结清。

劳动关系双方解除或终止劳动关系，企业应在解除或终止劳动合同时一次性付清员工的工资，否则就是不合法的。

3.保存已经解除或者终止的劳动合同。

根据《劳动合同法》第五十条规定，用人单位对已经解除或者终止的劳动合同的文本，至少保存两年备查，同时，最好妥善保存员工的离职申请。

法条链接

1.《中华人民共和国劳动合同法》

　　第三十七条　劳动者提前三十日以书面形式通知用人单位，可以解除劳动合同。劳动者在试用期内提前三日通知用人单位，可以解除劳动合同。

2.《工资支付暂行规定》

第九条 劳动关系双方依法解除或终止劳动合同时，用人单位应在解除或终止劳动合同时一次付清劳动者工资。

第3节 劳动合同终止的注意事项

什么是劳动合同终止？劳动合同终止与劳动合同解除有什么区别呢？

劳动合同终止，是指劳动合同订立后，因出现某种法定的事实导致劳动合同的法律效力被依法消除。劳动合同终止，就意味着企业与员工之间原有的权利与义务不复存在了。根据《劳动法》规定，劳动合同终止包括两种情况：一是劳动合同期限届满；二是当事人约定的合同终止的条件出现。

劳动合同终止与劳动合同解除有以下几点区别，如图8-3所示。

1.是否由当事人作出意思表示。

劳动合同终止，一般不涉及企业与员工的意思表示，只要一定的法定事实出现，双方的劳动关系就不复存在了。

劳动合同解除，则是企业或员工解除双方劳动关系的意思表示。

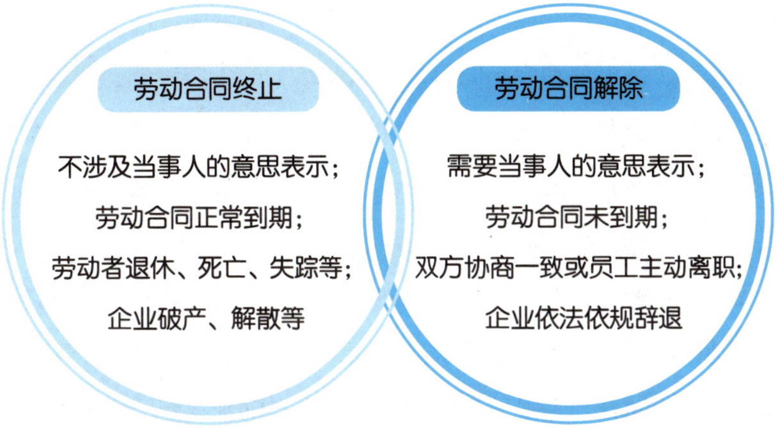

劳动合同终止
不涉及当事人的意思表示；
劳动合同正常到期；
劳动者退休、死亡、失踪等；
企业破产、解散等

劳动合同解除
需要当事人的意思表示；
劳动合同未到期；
双方协商一致或员工主动离职；
企业依法依规辞退

图 8-3　劳动合同终止与解除的区别

2.劳动合同是否到期。

劳动合同终止，双方当事人的劳动合同到期。劳动合同解除，双方当事人的劳动合同未到期。

因为存在劳动合同是否到期的问题，所以其程序不同，补偿金也不同。劳动合同终止，一般是劳动合同到期时企业不再与员工续签，按照法律规定是不需要提前通知的，也不需要支付补偿金。

3.劳动合同终止与劳动合同解除所包括的情形。

根据《劳动合同法》规定，劳动合同终止包括的情形有：劳动合同期满；劳动者开始依法享受基本养老保险待遇；劳动者死亡、被人民法院宣告死亡或宣告失踪；用人单位被依法宣告破产；用人单位被吊销营业执照、责令关闭、撤销或者用人单位决定提前解散等。

劳动合同解除包括的情形有：双方当事人协商一致解除；员工主动辞职；员工被迫解除劳动合同；企业单方面辞退员工等。

劳动合同的终止时间，应当以劳动合同期限最后一日的24时为准。

劳动合同终止时，企业应当向员工出具终止劳动合同证明书，并载明劳动合同期限、终止劳动合同的日期，以及员工的工作岗位、在本公司的工作年限等。企业必须出具终止劳动关系书面通知，并且送达给员工。如果没有书面通知，或者书面通知没送达员工手中，那么劳动争议发生时，企业将处于不利地位。

需要注意的是，劳动合同终止并不等于劳动关系消灭，之后还可能存在劳动合同续订、延长等情况。比如，女职工在医疗期、孕期、产期或哺乳期，劳动合同期限届满时，期限应当自动延续到医疗期、孕期、产期或哺乳期期满为止。

琪琪与某公司签订为期三年的劳动合同，工作两年多后，琪琪怀孕、生产，依法休产假。产期未届满时，琪琪与公司劳动合同到期。随后，琪琪收到通知：公司决定劳动合同到期后不再续签，因为琪琪正在休产假，所以劳动合同将顺延至哺乳期结束。

哺乳期结束后，琪琪与公司的劳动合同终止。不过，琪琪以公司将劳动合同顺延但没有签订书面劳动合同为由，要求该公司支付自己双倍工资。

案例中，该公司已经将琪琪的劳动合同期限顺延到哺乳期期满，是符合法律规定的。同时，劳动合同到期时发生法定顺延的，应该自动顺延，不需要当事人再进行确认，也不需要再签订书面劳动合同。所以，琪琪的要求并不合理，该公司不需要支付其双倍工资。

但是，如果琪琪并非在哺乳期，而是与公司签订合同时约定"本劳动合同期满后，若双方对本合同的继续履行无异议，则自动顺延"，那么琪琪与该公司劳动合同期满后,该公司未与其签订新的劳动合同,就是违法的。

法条链接

《中华人民共和国劳动合同法》

第四十四条 有下列情形之一的,劳动合同终止:

(一)劳动合同期满的;

(二)劳动者开始依法享受基本养老保险待遇的;

(三)劳动者死亡,或者被人民法院宣告死亡或者宣告失踪的;

(四)用人单位被依法宣告破产的;

(五)用人单位被吊销营业执照、责令关闭、撤销或者用人单位决定提前解散的;

(六)法律、行政法规规定的其他情形。

第4节 试用期解雇员工的条件

试用期,是企业对员工进行考核的重要时期。在该期限内,企业管理者和人力资源部门可以对员工的工作能力、专业技能等进行考核，以确定该员工是否能胜任岗位工作。如果证实员工无法胜任，或者证明其不符合录用条件，企业可以与其解除劳动合同，不需要承担法律责任。

因此，企业管理者和人力资源部门在试用期内应该尽快对员工进行全面考核，一旦发现员工不符合录用条件，应当在试用期结束前与其解除劳动合同，不要拖到试用期结束之后。不过，一些企业却习惯了"钻空子"——在试用期即将结束，更甚者在试用期最后一天，找出种种理由将员工辞退。那么，这种行为是否具有法律风险呢？

经过初试和复试，某公司录用甜甜为该公司的行政人员，约定劳动合同期限为三年，试用期为两个月。入职后，甜甜接受了入职培训，然后在一位师傅的带领下开展相关工作。试用期期间，甜甜做好了本职工作，且没有大的过失或违纪行为。

试用期最后一天，公司却通知甜甜，说她试用期考核不合格，公司决定不录用她。甜甜万分惊讶，表示："我在工作期间做好了分内工作，遵守公司规章制度，且无大的过失。为什么会考核不合格呢？就算我不符合录用条件，为什么不早点通知我，却在试用期最后一天解除劳动合同？"在与该公司协商无果后，甜甜向当地劳动仲裁部门提出申请，要求恢复与该公司的劳动关系，或者由该公司向自己支付经济补偿金。

经过调查，劳动仲裁部门认定该公司是在试用期内解除劳动合同的，虽然做法不妥当，但是这种行为并不违法。只要在试用期内，公司可以随时辞退员工。不过前提是，辞退是合法的，该公司必须有确实的证据，证明甜甜不符合录用条件，否则就涉嫌违法解约。该公司并没有将录用条件明确告知甜甜，且没有将录用条件与考核绩效相关联，所以该公司所说的考核不合格是不成立的。

根据《劳动合同法》规定，企业在试用期内解除劳动合同，有以下三种情况：

1.劳动者不符合录用条件；

2.过失性解除；

3.非过失性解除。

其中，过失性解除包括：严重违反用人单位的规章制度；严重失职，营私舞弊，给用人单位造成重大损害。而非过失性解除包括：劳动者患病或非因工负伤，医疗期满后，无法胜任企业安排的工作；劳动者不能胜任工作，经过调岗后，仍无法胜任工作；劳动合同订立时所依据的客观情况发生重大变化，致使劳动合同无法履行，经企业与劳动者协商，未能就变更劳动合同达成协议。

因此，企业在试用期最后一天是可以与员工解除劳动合同的，但是为了避免不必要的风险，最好尽早完成该流程。更重要的是，企业要遵守法律的相关规定，避免单方面延长试用期或试用期满后再以"不符合录用条件"为由解除劳动合同。

法条链接

《中华人民共和国劳动合同法》

第二十一条 在试用期中，除劳动者有本法第三十九条和第四十条第一项、第二项规定的情形外，用人单位不得解除劳动合同。用人单位在试用期解除劳动合同的，应当向劳动者说明理由。

第5节　过失性辞退员工的条件

企业辞退员工可以分为预告性辞退和过失性辞退两种，如图8-4所示。

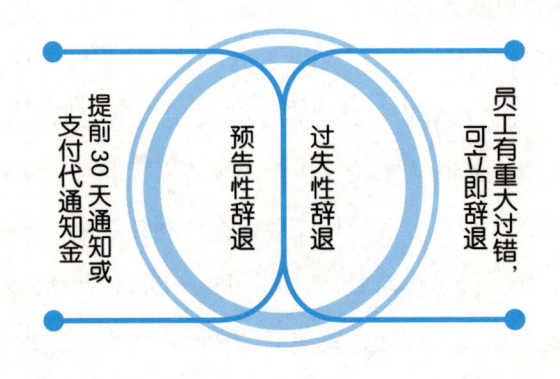

图8-4　企业辞退员工的两种情况

预告性辞退是指企业依法提前30天通知员工或通过支付代通知金的方式提前辞退员工。其主要包括以下几种情形：员工患病或非因工负伤，医疗期满后，不能从事原工作也不能从事用人单位另行安排的工作；员工不能胜任工作，经过培训或者调整工作岗位，仍不能胜任工作；劳动合同订立时所依据的客观情况发生重大变化，致使劳动合同无法履行，经双方协商不能就变更劳动合同达成协议。

过失性辞退，是指在员工有重大过错的情况下，企业无须提前30天通知，可以即刻辞退员工。其主要包括以下几种情形：员工在试用期间被证明不符合录用条件；员工严重违反劳动纪律或者用人单位的规章制度；员工严重失职，营私舞弊，对用人单位造成重大损害；员工被依法追究刑事责任。

根据相关法律规定，如果员工有无故缺勤、疏忽大意或工作失误的情况，但未给企业造成大的损失，企业就不能以此为由而辞退员工。但是，如果员工时常无故迟到、缺勤，经批评教育仍不改正，构成了严重违纪行为，或者工作中有重大过失，比如监守自盗、贪污、吃回扣等行为，给企业造成严重损失，那么企业就不需要预先通知员工，可以直接将其解雇，并无需支付经济赔偿金。

当然，以员工严重失职或严重违纪为由辞退员工，企业应当提供详实充分的书面材料，包括：员工在岗期间违纪失职的视频监控、考勤打卡记录、员工提交的检讨书、企业发布的违纪处罚通知书、企业其他员工提供的证言、相关物证、有关部门的处理记录等。

同时，企业应该对员工的违纪行为作出书面通知，并且让员工在书面警告、处罚通知书、纪律处分等书面通知书上签字确认。如果提供的材料不充分，或是没有员工的签字确认，企业很可能因为举证不利而承担相应的后果。同时，如果企业辞退严重违纪员工的程序不合法，也可能承担支付赔偿的法律责任。

2021年3月，刘阳进入某建筑公司的项目部担任项目经理之后，利用职务之便收受合作方的钱财，做出了严重损害公司利益的事情。公司管理者发现后，当即以严重违纪为由与其解除劳动合同，并向其出具了《关于辞退刘阳的决定》的书面通知。

几日后，刘阳向当地劳动争议仲裁委员会申请仲裁，经仲裁委员会调查，该公司并没有能证明刘阳收受钱财的充足证据（缺乏合作方的证人证言、银行流水等证据），且刘阳并未在书面通知上签字。同时，该公司与刘阳解除劳动合同时，并未通知工会，也未征求工会意见。

最终，仲裁委员会判定该建筑公司以严重违纪为由辞退刘阳不成立，属于违法解除劳动关系，需要支付刘阳相应的经济赔偿金。该公司不服，向当地人民法院起诉，仍以败诉告终。

可以看到，以上案例中员工确实存在严重违纪行为，属于企业可以解除劳动合同且无须支付经济补偿金的情形。然而，企业在辞退处理的过程中没能依法举证和质证，也没能依法履行辞退程序，导致了败诉。所以，企业需要提高法律意识，尽可能规避辞退处理中的瑕疵，这样才能避免不必要的损失。

法条链接

1.《中华人民共和国劳动法》

第二十五条　劳动者有下列情形之一的，用人单位可以解除劳动合同：

（一）在试用期间被证明不符合录用条件的；

（二）严重违反劳动纪律或者用人单位规章制度的；

（三）严重失职，营私舞弊，对用人单位利益造成重大损害的；

（四）被依法追究刑事责任的。

2.《中华人民共和国劳动合同法》

第三十九条　劳动者有下列情形之一的，用人单位可以解除劳动合同：

（一）在试用期间被证明不符合录用条件的；

（二）严重违反用人单位的规章制度的；

（三）严重失职，营私舞弊，给用人单位造成重大损害的；

（四）劳动者同时与其他用人单位建立劳动关系，对完成本单位的工作任务造成严重影响，或者经用人单位提出，拒不改正的；

……

第6节 经济性裁员的条件和程序

什么是经济性裁员？经济性裁员是指用人单位为了改善生产经营状况、降低劳动成本，保护自己在市场中的竞争力和生存能力，而一次性辞退部分劳动者的行为。

由于经济性裁员是企业与员工单方面解除劳动合同，所以企业想要采取经济性裁员措施必须满足法定条件，且相关操作必须合法合理。同时，为了避免企业随意进行经济性裁员，劳动行政部门也会积极监督检查裁员的范围是否合法，是否遵守相应的法定程序。

一般来说，经济性裁员必须满足以下条件之一，如图8-5所示。

1.用人单位处于法定重整期间。

根据《中华人民共和国企业破产法》规定，如果企业法人不能清偿到期债务且资不抵债，企业可以依法进行重整，在重整期间可以进行裁员。

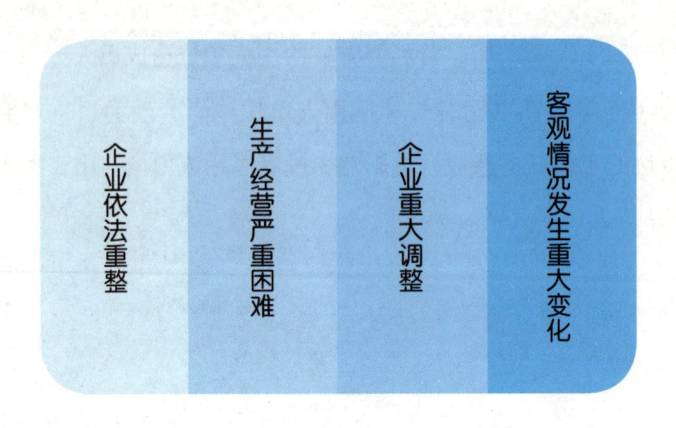

图 8-5　企业经济性裁员的四种条件

2.用人单位生产经营状况发生严重困难。

对于生产经营状况发生严重困难的界定，没有一个明确的法律标准，而且各地区的标准也有所不同。但是从各地司法实践来看，可以通过以下几项内容来判断：年度性连续亏损，扭亏难度大；长期停产或半停产；企业难以维持按照最低工资标准发放工资，出现大面积欠发工资情况；因企业困难拖欠社保；采取停止招聘、停止加班等补救措施且生产经营状况无明显好转；大面积出现职工停工待岗或下岗情况；严重资不抵债，濒临破产。

在市场经济下，企业只有依靠自身力量克服以上困难，如果克服不了，那就只能裁员了。

3.企业转产、重大技术革新或者经营方式调整，经变更劳动合同后，仍需要裁减人员。

4.劳动合同订立时所依据的客观经济情况发生重大变化，致使劳动合同无法履行。

可以说，经济性裁员是企业与员工容易产生纠纷的问题之一，当员工提起劳动仲裁或诉讼时，一旦企业不能提供相应的证据证明其裁员是符合法定条件的，必将承担赔偿责任。

吴明在某家玩具生产工厂从事机械维护工作，因为经济环境发生变化，市场竞争压力日益增大，该工厂经营状况越来越糟糕，出现了连年亏损的情况。于是，该工厂管理者为了节约人力成本，宣布实行经济性裁员，准备裁掉员工20人，吴明是被裁员的对象。

失去工作，就失去了经济来源。吴明等人与工厂进行协商，表示愿意降薪，等到工厂扭亏为盈后再加薪。协商未果，吴明等人联合向当地的劳动争议仲裁委员会申请仲裁，要求恢复劳动关系。

该工厂适用于经济性裁员条件的第二点：用人单位生产经营状况发生严重困难。经过劳动仲裁委员会调查，该工厂确实存在连年亏损的情况，但是并非没有扭亏为盈的可能，且未出现濒临破产的现象。该工厂前一年亏损500万元，当年则亏损350万元，经营状况有所好转；通过网络销售的方式，该工厂从全国各地接到不少订单；该工厂也未出现大面积停工、停产的现象。

因此，仲裁委员会认为该公司并不符合"生产经营状况发生严重困难"的条件，其直接进行经济性裁员的行为是不合法的，最后裁定该公司恢复与吴明等人的劳动关系。

除了符合法定条件外，企业想要进行经济性裁员还需要按照法定程序来进行。其具体程序如下：

1.做出经济性裁员决定，提前30日向工会或者全体职工说明情况。

企业根据自身实际经营状况做出裁员决定后，要与工会进行沟通，或者召开职工大会，说明裁员的原因、裁员大致范围、裁员负责人等。

2.提出裁员方案。

提出裁员方案，包括被裁减人员名单、裁减时间及实施步骤、经济补偿办法等。

注意，"三期"女职工、医疗期员工是不能被裁员的。

3.征求工会或者全体职工的意见，对裁员方案进行修改和完善。

4.向当地劳动保障行政部门报告，提供裁员方案、工会或者全体职工的意见，并听取劳动保障行政部门的意见。

5.正式公布并实施裁员方案。

裁员方案的实施，可以按照这样的步骤来进行：通知被裁减人员—与被裁减人员面谈—进行工作交接—与被裁减人员办理解除劳动合同手续—结清工资，支付经济补偿金—出具裁减人员证明书。

在进行经济性裁员时，企业必须按照法定程序来进行，切不可直接粗暴地进行裁员，否则会违反相关法律，员工有权要求恢复劳动关系，或者提出获得经济赔偿金。

假设上面的案例中，该玩具生产工厂符合"生产经营状况发生严重困难"的条件，可以进行经济性裁员。但是，该工厂没有召开职工大会向员工说明情况，且要求吴明等人必须在一周内交接完所有工作，然后领取工资和补偿金后离开。这样就违反了经济性裁员的法定程序，属于违法解除劳动合同。这种情况下，吴明等员工可以向当地的劳动争议仲裁委员会申请仲裁，要求恢复与公司的劳动关系，或者要求公司支付相应的经济赔偿金。

所以说，企业管理者进行经济性裁员时，一定要严格按照满法定条件和法定程序来裁员，而不能随心所欲。

法条链接

1.《中华人民共和国劳动法》

第二十七条 用人单位濒临破产进行法定整顿期间或者生产经营状况发生严重困难,确需裁减人员的,应当提前三十日向工会或者全体职工说明情况,听取工会或者职工的意见,经向劳动行政部门报告后,可以裁减人员。

用人单位依据本条规定裁减人员,在六个月内录用人员的,应当优先录用被裁减的人员。

2.《中华人民共和国劳动合同法》

第四十一条 有下列情形之一,需要裁减人员二十人以上或者裁减不足二十人但占企业职工总数百分之十以上的,用人单位提前三十日向工会或者全体职工说明情况,听取工会或者职工的意见后,裁减人员方案经向劳动行政部门报告,可以裁减人员。

(一)依照企业破产法规定进行重整的;

(二)生产经营发生严重困难的;

(三)企业转产、重大技术革新或者经营方式调整,经变更劳动合同后,仍需裁减人员的;

(四)其他因劳动合同订立时所依据的客观经济情况发生重大变化,致使劳动合同无法履行的。

裁减人员时,应当优先留用下列人员:

(一)与本单位订立较长期限的固定期限劳动合同的;

(二)与本单位订立无固定期限劳动合同的;

(三)家庭无其他就业人员,有需要扶养的老人或者未成年人的。

> 用人单位依照本条第一款规定裁减人员，在六个月内重新招用人员的，应当通知被裁减的人员，并在同等条件下优先招用被裁减的人员。

第7节 "三金"的处理

"三金"是指在用人单位与劳动者合作过程中，出现违约情况的违约金、经济补偿金和赔偿金。

1.违约金。

违约金是指按照当事人的约定或者法律直接规定的一方当事人违约后向另一方支付的金钱。

违约金具有担保合同履行的作用，也具有惩罚违约人和补偿无过错一方当事人损失的作用。基于债权的担保，即便对方没有遭受任何财产损失，违约的一方也需要按照法律或合同的规定支付违约金。

比如，企业与员工在劳动合同中约定，员工应当保守企业的商业秘密和与知识产权相关的保密事项。如果员工违反了保密约定，向其他企业或个人泄露商业秘密，即便没给企业带来经济损失，企业也有权要求其支付违约金。

一般来说，违约金包括两种：一是惩罚性违约金，二是补偿性违约金。前者的作用是惩罚，即对方因为违约而遭受财产损失，所以违约方需要支付违约金，同时还需要另行赔付损失。而后者的作用是保护债权人的权益,是对一方因为另一方违约可能遭受的财产损失的一种预先估计。

某软件公司与员工王路签订了为期三年的劳动合同,每月工资为7000元。劳动合同约定了违约条款,任何一方当事人在合同期内提前解除劳动合同,都需向另一方当事人支付违约金人民币20000元。

一段时间后,公司老板认为王路不能满足公司发展需求,决定与其协商解除劳动合同。王路同意解除劳动合同,但是要求该公司支付20000元违约金。公司老板却认为,之所以与王路解除劳动合同,是因为他不能满足公司发展需求,且已经为他介绍新的工作,并未造成其经济损失,所以不需要支付违约金。

事实上,该公司老板的认知是错误的。根据《劳动法》和合同规定,企业提前解除劳动合同就属于违约,应当按照合同约定支付给王路20000元违约金。

在现实生活中,双方当事人可以约定违约金的多少。根据《民法典》规定,如果约定的违约金低于一方因违约而遭受的经济损失,人民法院或者仲裁机构可以根据当事人的请求增加违约金;反之,则可以适当减少。

2.经济补偿金。

经济补偿金是劳动合同解除或终止后,用人单位依法一次性支付给劳动者的经济补助。

一般的经济补偿金的金额与员工的工作年限有关。根据《劳动合同法》第四十七条规定,经济补偿金按员工在本单位工作每满一年支付一个月工资的标准支付。六个月以上不满一年的,按一年计算;不满六个月的，按照半个月工资的标准计算。

企业需要按照《劳动法》和相关法律法规的规定来确定对员工支付多少经济补偿金。具体有如下几种情况，如图8-6所示。

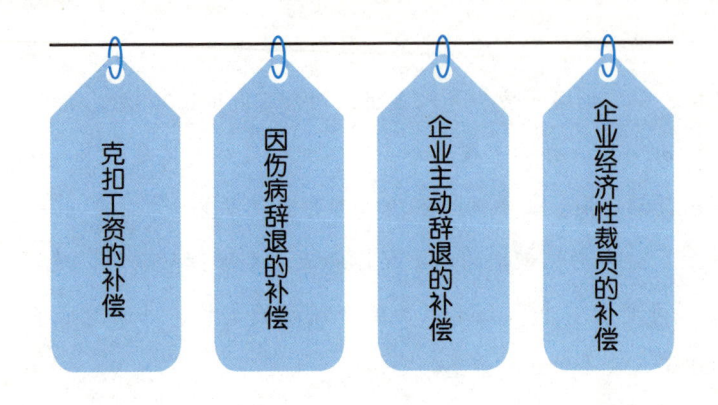

图8-6　企业支付经济补偿金的四种主要情况

克扣工资的补偿　　因伤病辞退的补偿　　企业主动辞退的补偿　　企业经济性裁员的补偿

（1）违反《劳动法》以及劳动合同约定，克扣或拖欠工资、拒不支付加班工资、工资低于当地最低工资标准的，应当补发工资报酬并支付相当于低于当地最低工资标准部分25%的经济补偿金。

（2）员工因患病、非因工负伤导致不能胜任工作，企业与其解除劳动合同，需要按照其在公司的工作年限支付经济补偿金。员工工作每满一年，企业应发给其相当于一个月工资的经济补偿金，同时还需要加发不低于六个月工资的医疗补助费。

（3）由企业提出解除劳动合同要求后，双方协商一致解除劳动合同的，应当按照员工在公司的工作年限支付经济补偿金。员工工作每满一年，企业应支付相当于一个月工资的经济补偿金。

（4）如果企业因为濒临破产进行法定重整或者生产经营状况发生严重困难而进行经济性裁员，也应当按照员工在公司的工作年限支付经济补偿金,同样是员工工作每满一年,支付相当于一个月工资的经济补偿金。

需要注意的是,在企业正常生产情况下,员工的加班工资属于工资总额的一部分,所以支付经济补偿金时,不能漏发加班加点的工资报酬。

3.赔偿金。

赔偿金是指一方当事人不履行或不完全履行合同义务,给对方造成损失时,按照法律和合同的规定,所应当承担的损害赔偿责任。

赔偿金可以分为两种,即约定损害赔偿金和法定损害赔偿金。

法条链接

《中华人民共和国民法典》

第五百七十七条 当事人一方不履行合同义务或者履行合同义务不符合约定的,应当承担继续履行、采取补救措施或者赔偿损失等违约责任。

第五百八十五条 当事人可以约定一方违约时应当根据违约情况向对方支付一定数额的违约金,也可以约定因违约产生的损失赔偿额的计算方法。

约定的违约金低于造成的损失的,人民法院或者仲裁机构可以根据当事人的请求予以增加;约定的违约金过分高于造成的损失的,人民法院或者仲裁机构可以根据当事人的请求予以适当减少。

当事人就迟延履行约定违约金的,违约方支付违约金后,还应当履行债务。

第九章

劳动争议：劳动关系危机的处置与应对

劳动争议包括因劳动报酬给付、劳动合同履行以及劳动关系认定等问题而产生的纠纷。当劳动争议产生时，企业要积极应对，采取正确合法的方式来解决，同时树立举证意识，依法举证和质证，以便维护自身合法权益。

第1节　如何界定劳动争议

劳动争议，也叫劳动纠纷，是指劳动关系的当事人之间因执行劳动法律、法规和履行劳动合同而发生的纠纷，是用人单位与劳动者因劳动关系中的权利义务而发生的纠纷。

在实操中，发生劳动争议的情形有很多，主要包括：调岗降薪；不按时足额支付加班加点工资；员工离职时，不支付经济补偿金或经济赔偿金；女职工"三期"待遇得不到保证，借故调整孕妇工作岗位或者逼迫孕妇离职；不按时或不足额缴纳社会保险；企业与员工未依法订立劳动合同；企业单方面辞退违纪或考核不合格员工；法律、法规规定的其他劳动争议等。

而根据相关法律规定，这些情形不属于劳动争议：劳动者请求社会保险经办机构发放社会保险金的纠纷；劳动者与用人单位因住房制度改革产生的公有住房转让纠纷；劳动者对劳动能力鉴定委员会的伤残等级鉴定结论或者对职业病诊断鉴定委员会的职业病诊断鉴定结论存在异议；家庭或者个人与家政服务人员之间因为工作时间、薪酬等问题而产生的纠纷；个体工匠与帮工、学徒之间的纠纷；农村承包经营户与被雇佣工人之间的纠纷。

案例一：2022年1月，刘欢入职某销售公司，与公司口头约定试用期六个月。由于公司成立不久，相关规章制度并不完善，且流动资金不充足，所以约定刘欢转正之后再为其缴纳社会保险。

试用期内，公司人力资源部门发现刘欢消极工作、时常迟到早退，屡屡违反公司的规章制度，给公司带来一定经济损失。所以，试用期结束后，该公司以不符合录用条件为由将刘欢辞退。刘欢不服，向当地劳动争议仲裁委员会申请仲裁，表示该公司试用期约定过长，且未依法给自己缴纳社会保险，要求该公司支付赔偿金。

案例二：张硕与某公司签订了为期三年劳动合同，后公司因经济效益不佳与张硕解除劳动合同。解除劳动合同后，张硕发现公司一直未为其申报缴纳社会保险费。张硕随即申请劳动争议仲裁，要求该公司补缴2020年3月到2022年12月的社会保险费。

以上两个案例看似相同，实际上存在很大差别。

案例一，该公司违法约定试用期，并不按时为员工缴纳社会保险费，违反《劳动法》相关规定，即劳动关系双方在订立合同时，可以约定试用期，试用期包含在劳动合同期内，用人单位应该为试用期员工缴纳社会保险。员工主张经济赔偿的争议，属于劳动争议，劳动争议仲裁委员会可以受理。

案例二，员工要求公司补缴社会保险费，不属于劳动争议，不属于劳动争议仲裁委员会受理范围。因为《社会保险法》明确规定，用人单位未按时足额缴纳社会保险费的，由社会保险费征收机构责令其限期缴纳或者补足。也就是说，社会保险费的征缴属于社会保险部门的行政职责，由此引起的纠纷不属于劳动争议。所以，张硕需要向劳动保障监察部门或者社会保险部门反映，以维护自己的合法权益。

所以，不管是企业还是劳动者都应该明确劳动争议是如何界定的，这样才能保护自身合法权益不受侵犯，并降低法律风险，用最低成本来应对劳动争议。

⚖ 法条链接

1.《中华人民共和国劳动争议调解仲裁法》

第二条　中华人民共和国境内的用人单位与劳动者发生的下列劳动争议，适用本法：

（一）因确认劳动关系发生的争议；

（二）因订立、履行、变更、解除和终止劳动合同发生的争议；

（三）因除名、辞退和辞职、离职发生的争议；

（四）因工作时间、休息休假、社会保险、福利、培训以及劳动保护发生的争议；

（五）因劳动报酬、工伤医疗费、经济补偿或者赔偿金等发生的争议；

（六）法律、法规规定的其他劳动争议。

2.《中华人民共和国社会保险法》

第六十三条　用人单位未按时足额缴纳社会保险费的，由社会保险费征收机构责令其限期缴纳或者补足。

……

第2节　协商调解——处理劳动争议的第一步

发生劳动争议后，当事人所应做的第一步就是对争议事项进行协商，尽力消除矛盾，解决争议。如果协商一致，双方当事人便可以达成和解；如果其中一方当事人不愿意协商，或者协商不成，那么另一方当事人有权申请调解。

一般来说，与员工进行协商并达成和解，是企业解决劳动争议最应该优先选择的方式，也是最便捷、给企业带来最小不良影响的方式。

在实操中，员工主动提出协商，是最好不过的。企业应该及时与员工沟通，从事实出发，充分了解纠纷产生的原因，了解员工的诉求，找到双方的争议点。同时，企业要表现出诚恳、真挚的态度，安抚员工的情绪，而不要与员工针锋相对、得理不让人。有时为了避免不必要的麻烦，企业也可以适当做出让步，满足员工的一些要求，这样才能尽快妥善地化解纠纷，避免进入仲裁、诉讼程序。

需要注意的是，如果员工提出协商要求，企业要积极做出口头或书面回应，并且约定协商的期限。因为根据《企业劳动争议协商调解规定》，一方当事人提出协商要求后，另一方当事人应当积极做出口头或者书面回应。五日内不做出回应的，视为不愿协商。协商的期限由当事人书面约定，在约定的期限内没有达成一致的，视为协商不成。

当然，协商并不是解决劳动争议的必经程序。只要一方当事人不愿意协商，就有权直接申请调解或者仲裁。

在申请调解时，当事人可以向企业劳动争议调解委员会、依法设立的基层人民调解组织或在乡镇、街道设立的具有劳动争议调解职能的组织进行申请。其中，企业劳动争议调解委员会是由职工代表和企业代表组成的，委员会主任应当由工会成员或者双方推举的人员担任。

劳动争议调解申请，可以口头申请，也可以书面申请。口头申请的，调解组织会当场记录申请人的基本情况、申请调解的争议事项、申请的理由和时间。书面申请的，申请人需要填写劳动争议调解申请书，其中包括当事人基本情况、调解请求、事实与理由等。

调解组织接到申请后，会咨询对方的意见，了解其是否愿意调解。然后，调解组织要审查案件是否属于该受理的范围，做出是否受理的决定。受理调解申请后，调解组织先要核查情况，听取双方对事实和理由的陈述，然后实施调解，最后达成调解协议或者调解不成。

而调解协议想要产生效力，根据相关法律的规定，应当具备以下条件：一是当事人具有完全民事行为能力；二是意思表示真实；三是不违反法律、行政法规的强制性规定或者社会公共利益。如果调解协议会损害国家、集体或者第三人的利益，或者违反法律、行政法规的强制性规定，那么就是无效的。同时，如果其中一方不愿意调解，调解组织强迫其调解，那么其协议也是无效的。

需要注意的是，如果员工一开始同意调解，但是中途又变卦了，不愿意在调解协议书上签字，那么也视为调解不成。如果员工已经签订了调解协议书，但是拒绝在送达回执单上签字，那么这一份调解协议也不具有法律效力。

某企业决定与员工沈星解除劳动合同，沈星不同意，要求企业恢复双方的劳动关系。于是，双方进行协商，未达成和解。之后，沈星向企业劳动争议调解委员会申请调解，经过调解和双方进一步的协商之后，终于达成了和解，并签订了调解协议。

但是，在调解协议送达之前，沈星又反悔了，不愿意在该公司继续工作了，而是想拿到一笔经济补偿金。于是，在调解协议送达后，沈星拒绝在送达回执单上签字。最后，经企业劳动争议调解委员会判定，这一份调解协议是无效的，沈星可以申请劳动争议仲裁或者到人民法院提起诉讼。因为根据我国法律的相关规定，调解书应当直接送达当事人，只有当事人在调解书送达回执单上签字，调解书才发生法律效力。当事人不在送达回执单上签字的，视为拒绝，调解书便不具有法律效力。

法条链接

1.《中华人民共和国劳动争议调解仲裁法》

第三条　解决劳动争议，应当根据事实，遵循合法、公正、及时、着重调解的原则，依法保护当事人的合法权益。

第四条　发生劳动争议，劳动者可以与用人单位协商，也可以请工会或者第三方共同与用人单位协商，达成和解协议。

2.《中华人民共和国劳动法》

第七十九条　劳动争议发生后，当事人可以向本单位劳动争议调解委员会申请调解；调解不成，当事人一方要求仲裁的，可以向劳动争议仲裁委员会申请仲裁。当事人一方也可以直接向劳动争议仲裁委员会申请仲裁。对仲裁裁决不服的，可以向人民法院提起诉讼。

第3节　劳动仲裁——处理劳动争议的第二步

仲裁是处理劳动者争议的第二步。仲裁需要双方自愿，由双方当事人协议将争议提交具有公认地位的第三方，然后由第三方对争议进行评判，做出裁决。一般情况下，企业与员工无法通过调解达成一致时，便可以向劳动争议仲裁委员会申请仲裁。

当事人申请仲裁，需要提交书面的仲裁申请书，其中要写明申请人的基本情况、被申请人的基本情况、仲裁依据、仲裁请求、事实与理由等。除此之外，申请人还需要准备相关证据材料，如果案件属于劳动争议仲裁委员会受理的范围，仲裁委员会便会书面通知双方。企业若是被申请人，接到通知后需要了解员工申请仲裁的事项、事实与理由，然后准备好相关证据材料，提交答辩书。双方交换证据后，劳动争议仲裁委员会便会通知仲裁庭进行开庭审理，这个过程中，双方都需要进行质证和辩论，最后由仲裁庭做出裁决。

《劳动法》规定了劳动争议仲裁的申请时效和裁决时限，即提出仲裁要求的一方应当自劳动争议发生之日起60日内向劳动争议仲裁委员会提出书面申请。仲裁裁决一般应在收到仲裁申请的60日内作出。

但是，为了尽快解决纠纷、保护当事人的合法权益，《劳动争议调解仲裁法》对于以上规定进行了完善，不仅延长了申请时效，还缩短了裁决的时限。《劳动争议调解仲裁法》规定，劳动争议申请仲裁的时效期间为1年，仲裁时效期间从当事人知道或者应该知道其权利被侵害之日起计算；规定仲裁庭裁决劳动争议案件，应当自劳动争议仲裁委员会受理仲裁申请之日起45日内结束；同时还规定，如果在劳动关系存续期间，企业拖欠劳动报酬而发生争议，那么申请仲裁不受上述仲裁时效期间的限制，但是，如果双方劳动关系已终止，那么当事人应该自劳动关系终止之日起1年内提出仲裁申请。

2021年3月，在某公司担任销售主管的丁锐离职，之后与前同事聊天时得知原公司曾在前一年度发放年终奖。丁锐并不知道此事，因为公司人力资源部门表示他只工作一年左右，没有资格领取年终奖。丁锐认为自己的合法权益受到侵害，于是向当地劳动争议仲裁委员会申请仲裁，要求原公司补发年终奖。

根据《劳动争议调解仲裁法》规定，仲裁时效为一年，而且在前同事告知前，丁锐并不知道发放年终奖的事宜。所以，丁锐申请劳动争议仲裁并没有超过时效，该公司理应补发其年终奖。

劳动仲裁是解决劳动争议的方式之一，也关乎着当事人的合法权益。对于企业来说，应当提高法律意识，避免侵害员工的合法权益，同时还需要注意以下问题，如图9-1所示。

图9-1 劳动仲裁时企业要注意的四个问题

1.积极收集并提供合法的有利证据。

企业应当重视仲裁,及时了解员工申请仲裁的理由,全面细致地收集证据;同时,企业要出具形式合法的证据,保证证据的真实性,这样才能解决争议,避免仲裁败诉或者对方的进一步诉讼。

比如,如果员工发生违纪行为,企业应当先与员工谈话确认其违纪行为,并做好相应记录,然后再根据真实有效的证据与其解除劳动关系。企业提供证据时,不仅要形式合法,还需要程序合法。

2.明确劳动争议仲裁管辖地。

对于劳动争议当事人来说,向哪里的仲裁委员会提起申请,直接关系到其请求是否能被受理。所以,企业作为劳动争议仲裁申请人时,一定要明确仲裁委员会的管辖地,避免浪费时间和精力。

《企业劳动争议处理条例》规定,县、市、市辖区仲裁委员会负责本行政区域内发生的劳动争议。双方当事人不在同一个仲裁委员会管辖地区的,由员工当事人工资关系所在地的仲裁委员会处理。

3.明确仲裁委员会受理劳动争议案件的范围。

根据《企业劳动争议处理条例》的规定,可以申请仲裁的劳动争议范围包括:因企业开除、除名、辞退职工和职工辞职、自动离职发生的争议;因执行国家有关工资、保险、福利、培训、劳动保护的规定发生的争议;因履行劳动合同发生的争议;法律、法规规定应当依照本条例处理的其他劳动争议。

4.仲裁裁决的生效。

当事人收到仲裁裁决书之日起15日内未向法院起诉,那么仲裁裁决便生效了。当事人必须履行仲裁裁决,如果在法定期限内,一方当事人既不起诉又不履行裁决,那么另一方当事人可以申请人民法院强制执行。

不过，如果仲裁裁决适用法律有错误，或仲裁员有徇私舞弊、枉法裁决的行为，或裁决的事项不属于劳动争议仲裁范围，则可以不执行裁决结果。

法条链接

《中华人民共和国劳动争议调解仲裁法》

第二十七条 劳动争议申请仲裁的时效期间为一年。仲裁时效期间从当事人知道或者应当知道其权利被侵害之日起计算。

前款规定的仲裁时效，因当事人一方向对方当事人主张权利，或者向有关部门请求权利救济，或者对方当事人同意履行义务而中断。从中断时起，仲裁时效期间重新计算。

因不可抗力或者有其他正当理由，当事人不能在本条第一款规定的仲裁时效期间申请仲裁的，仲裁时效中止。从中止时效的原因消除之日起，仲裁时效期间继续计算。

劳动关系存续期间因拖欠劳动报酬发生争议的，劳动者申请仲裁不受本条第一款规定的仲裁时效期间的限制；但是，劳动关系终止的，应当自劳动关系终止之日起一年内提出。

第三十九条 当事人提供的证据经查证属实的，仲裁庭应当将其作为认定事实的根据。

劳动者无法提供由用人单位掌握管理的与仲裁请求有关的证据，仲裁庭可以要求用人单位在指定期限内提供。用人单位在指定期限内不提供的，应当承担不利后果。

第4节　诉讼——处理劳动争议的第三步

对于劳动争议，当事人如果不服劳动争议仲裁委员会的裁决，在规定期限内便可以向人民法院起诉。人民法院受理后，会依法对案件进行审理。另外，当一方不履行已发生法律效力的裁决书或调解书时，另一方也可以向人民法院申请强制执行。诉讼是解决劳动争议的最终程序。

劳动争议诉讼，具有法律的强制性，不仅可以保证劳动争议得到彻底解决，也形成了对劳动争议仲裁委员会的司法监督，有利于提高仲裁的质量。

与一般诉讼一样，劳动争议诉讼必须遵循司法审判的几大原则：以事实为依据、以法律为准绳的原则；独立行使审判权的原则；回避原则等。

当事人向人民法院提起诉讼，需要符合以下几个条件：

1.劳动争议事件已经过劳动争议仲裁委员会的裁决；

2.提起诉讼的时间需在收到仲裁裁决书之日起15日内；

3.起诉人必须是劳动争议案件中的一方当事人，被诉人应为对方当事人。同时，起诉人应当提出具体的诉讼请求和事实依据。

那么，如果双方产生的争议不属于劳动争议，不在仲裁委员会受理范围内，当事人是否可以提起诉讼呢？可以的。因为《最高人民法院关于审理劳动争议案件适用法律问题的解释》规定，劳动争议仲裁委员会以当事人申请仲裁的事项不属于劳动争议为由，作出不予受理的书面裁决、决定或者通知，当事人不服，依法向人民法院起诉的，人民法院应当分别情况予以处理：（一）属于劳动争议案件的，应当受理；（二）虽不属于劳动争议案件，但属于人民法院主管的其他案件，应当依法受理。

需要注意的是，劳动争议诉讼和劳动争议仲裁之间有很大区别。可以说，劳动争议仲裁是劳动争议诉讼的法定前置程序，当事人必须先向劳动争议仲裁机构申请仲裁，仲裁裁决后，如有不服的，再在收到裁决书之日起15日内向人民法院起诉。直接向人民法院起诉的，人民法院不予受理。

某企业与员工魏来因工伤事宜产生劳动纠纷，双方自行协商达成一致，签订和解协议。协议约定：公司一次性赔偿魏来50000元经济补偿金，解除双方劳动关系。后经工伤认定和伤残等级鉴定，该协议约定的赔偿数额高于《工伤保险条例》规定的工伤待遇标准。于是，该公司直接向人民法院提起诉讼，要求撤销双方签订的和解协议。

显然，该公司未申请仲裁，是不能向法院起诉的。因为我国法律规定，劳动仲裁是劳动争议当事人向人民法院提起诉讼的必经程序。所以，发生劳动争议后，劳动者申请调解的，企业应当先明确双方的权利义务，避免出现重大的失误。如果企业发现协议存在不公平、不合理等情况，应及时依法向当地劳动争议仲裁委员会申请仲裁，而不是直接向人民法院起诉。

⚖ 法条链接

《中华人民共和国劳动法》

第八十三条 劳动争议当事人对仲裁裁决不服的，可以自收到仲裁裁决书之日起十五日内向人民法院提起诉讼。一方当事人

> 在法定期限内不起诉又不履行仲裁裁决的，另一方当事人可以申请人民法院强制执行。

第5节　劳动争议的举证与质证

在劳动仲裁、诉讼过程中，当事人需要提供充足有利的证据材料，只有这样，仲裁庭、人民法院才能根据这些证据做出有利于自身的裁判。如果一方当事人无法就自己的主张或事实提供充足证据，那么就会处于不利地位，承担不利的法律后果。

某物流公司的员工潘斌向当地劳动争议仲裁委员会申请仲裁，称其于2022年10月9日被公司辞退，公司并未支付经济赔偿金，同时，其曾在10月1日到7日的法定节假日加班，但公司并未支付加班工资，要求公司支付违法解除劳动合同的经济赔偿金以及加班工资。

潘斌向仲裁委员会提交了工作牌、劳动合同、与领导的聊天记录等证据。庭审时，该公司则提供了潘斌工作期间"竞聘上岗活动"分数倒数第一、无故旷工的相关资料，包括"竞聘上岗活动"的考核体系、考核指标、考核结果，潘斌上司的评价，以及公司招潘斌谈话，商量为其调换岗位、进行培训，但是潘斌一直未答复的通信记录等相关证据。该公司提供的这些证据证明公司与潘斌解除劳动合同是合理的，同时证据也表明，9月23日之后潘斌便不再到公司上班，一直到10月9日都无故旷工。

仲裁委员会对事实进行查明，判定潘斌提供的证据并不充分，不予支持其要求。

在劳动纠纷中，当事人应当遵循"谁主张，谁举证"的原则。同时，由于劳动者在劳动关系中处于弱势地位，法律法规也对举证责任的分配做了一些特殊要求。具体来说：

1.由用人单位掌握管理的证据，由用人单位承担举证责任。

基于这一原则，一些应该由提出主张的劳动者承担的举证责任可能会分配给用人单位。比如，如果企业对员工做出开除、除名、辞退、解除劳动合同、减少劳动报酬等处理，在计算员工工作年限时发生了劳动争议，需要用人单位承担举证责任。

另外，如果员工主张企业支付加班费，本人应当就加班事实的存在承担举证责任。但是如果员工有证据证明企业掌握着加班事实存在的证据，企业若是不提供，将承担不利后果。

2.工伤认定的举证。

因为工伤认定产生劳动争议的，其举证责任的分配也存在一定特殊性。

对于员工来说，需要承担证明自身与企业存在劳动关系、受伤害事实真实性的举证责任。员工提供证据之后，如果企业不认为是工伤，那么企业就要承担证明其并非工伤的举证责任。

《工伤保险条例》第十八条规定，提出工伤申请应当提交下列材料：

（一）工伤认定申请表；

（二）与用人单位存在劳动关系（包括事实劳动关系）的证明

材料；

（三）医疗诊断证明或者职业病诊断证明书（或者职业病诊断鉴定书）。

工伤认定申请表应当包括事故发生的时间、地点、原因以及职工伤害程度等基本情况。

……

同时，《工伤认定办法》第十七条，则明确了企业的举证责任，职工或者其近亲属认为是工伤，用人单位不认为是工伤的，由该用人单位承担举证责任。用人单位拒不举证的，社会保险行政部门可以根据受伤害职工提供的证据或者调查取得的证据，依法作出工伤认定决定。

那么，在举证的过程中，企业和员工应当收集哪些证据呢？

根据《民事诉讼法》的相关规定，在应对劳动争议时，当事人需要尽可能收集充足的证据，包括当事人对案件事实的有关陈述；文字、图表、符号等书面证据；工作服、工作牌等证明案件真实情况的物证；视频监控、录音和照片等视听资料；微博、手机短信、微信消息、电子交易记录、文档等电子数据；证人证言；相关行业专家提供的鉴定意见；勘验人员对案件现场进行勘验、调查后所作的笔录。

劳动纠纷中的当事人只有依法承担举证责任，且收集并提供充足的有利证据，证明自己提出的主张或事实合法合理，才能避免承担不利的法律风险。

当然，当事人还需要关注仲裁和诉讼的举证期限。不同的劳动争议案件，仲裁委员会指定的举证期限是不同的。一般来说，当事人需要在开庭前完成举证，即收到通知书后10日内或15日内。如果期限内提供证据确有困难，当事人可以申请延长期限，仲裁委员会会根据当事人的申请适当延长。

而对于诉讼来说，举证期限可以由当事人协商，并经人民法院准许。人民法院指定举证期限的，适用第一审普通程序审理的案件不得少于15日；当事人提供新的证据的第二审案件不得少于10日；适用简易程序审理的案件不得超过15日；小额诉讼案件的举证期限一般不得超过7日。

法条链接

1.《中华人民共和国劳动争议调解仲裁法》

第六条 发生劳动争议，当事人对自己提出的主张，有责任提供证据。与争议事项有关的证据属于用人单位掌握管理的，用人单位应当提供；用人单位不提供的，应当承担不利后果。

第三十九条 当事人提供的证据经查证属实的，仲裁庭应当将其作为认定事实的根据。

劳动者无法提供由用人单位掌握管理的与仲裁请求有关的证据，仲裁庭可以要求用人单位在指定期限内提供。用人单位在指定期限内不提供的，应当承担不利后果。

2.《工伤认定办法》

第十七条 职工或者其近亲属认为是工伤，用人单位不认为是工伤的，由该用人单位承担举证责任。用人单位拒不举证的，社会保险行政部门可以根据受伤害职工提供的证据或者调查取得的证据，依法作出工伤认定决定。

第6节　员工过激维权与过度维权的处理

员工在合法权益受到侵害时，比如强迫延长工作时间、得到不公平的薪酬待遇、孕期被迫降职等，便会拿起法律武器进行维权。在劳动关系中，员工处于弱势地位，遇到企业不公平、不合法的侵权行为，进行维权是合法的，也是合理的。

然而，现实生活中也有一些员工因为缺乏法律常识，会采取跳楼、堵门、拉横幅等过激方式来维权；或者主观上认为自身权益受到侵害，采取拒绝上班、索要双倍工资、主张双倍赔偿等过度维权的行为。

案例一：某公司的一名哺乳期女员工，产假到期后，发现新员工已经代替她的职位。公司人力资源负责人表示原岗位已经没有空缺，决定将其调换到行政专员的岗位。该女员工不同意，多次与人力资源负责人和原部门经理协商，都没有什么结果。于是，该女员工采取过激的方式，多次到人力资源负责人办公室大吵大闹，干扰其他员工的正常工作，甚至堵住人力资源负责人和部门主管办公室的大门。

案例二：丁健是某传媒公司的事业部经理，2020年与公司签订了为期5年的劳动合同，年薪15万元，每月发放工资1万元，剩余部分作为年终业绩工资发放。2022年3月，该公司召开董事会，决定不再设立事业部，便与丁健商议调岗事宜。公司决定将丁健调换到销售部，担任销售部副经理，年薪不变。但是丁健不满调岗后的职位，拒绝到新岗位报到，一直未上班。

于是，该公司以丁健长期旷工为由，自2022年4月份开始按照当地最低工资标准为其发放工资。2022年7月，丁健向当地劳动争议仲裁委员会申请仲裁，要求公司支付3月到7月克扣的工资差额，并要求判定公司违法单方面调岗降职，支付其经济赔偿金。丁健的主张和要求并未得到仲裁委员会支持，于是他向法院提起诉讼。该公司并未消极应对，而是积极提交相关证据，包括董事会关于不再设立事业部的决议、向丁健送达的《告知书》、公司的《考勤管理制度》以及丁健的考勤记录表等。最终法院判定丁健的行为属于过度维权，该公司按照其实际所得发放工资并无不妥。因此，法院对于丁健提出的公司补发工资和支付赔偿的要求不予支持。

显然，以上两个案例中，案例一的女员工属于过激维权，案例二的丁健属于过度维权，其行为都是不合法的。那么，遇到类似过激维权或过度维权的情况，企业应该如何应对才能既维护自身合法权益，又防范相应的法律风险呢？具体有以下几个要点，如图9-2所示。

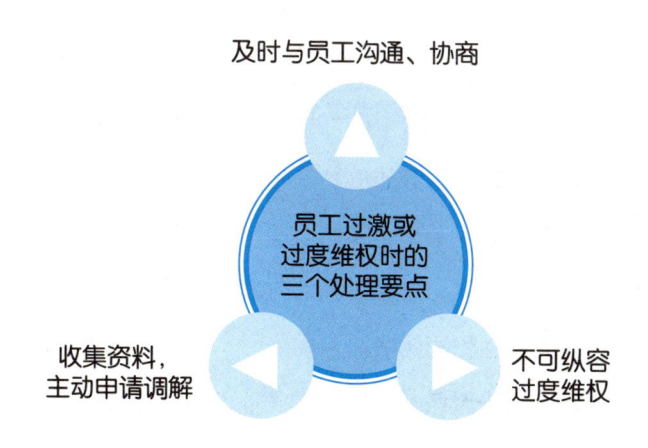

图9-2 员工过激或过度维权时的三个处理要点

1.及时积极与员工进行沟通、协商。

当员工出现过激维权行为时,企业应该进行内部沟通和调查,了解纠纷的具体情况,及时安抚员工的不满情绪,同时表现出企业的友好协商态度,然后动之以情、晓之以理,避免纠纷愈演愈烈。

2.收集相关资料,主动向劳动争议调解组织申请调解。

案例一中,根据相关法律规定,企业不能辞退哺乳期员工,但是员工产期较长,岗位也不能长期空置,必须找合适的人来顶替。虽然企业的做法是合情合理的,但是也属于单方面调岗,是违法的。

女员工不愿意沟通和协商,企业应当及时主动向当地劳动争议调解组织申请调解,给予相应的赔偿和补助。

3.当员工过度维权时,企业不能纵容,而是应该积极维护自身权益。

员工过度维权,向仲裁委员会提出过分要求时,企业应该积极应对,依照相关法律法规提供相关证据,证明对员工的调岗调薪、解除劳动关系等处理是在法律规定的合理范围内的正确处理。

法条链接

1.《中华人民共和国劳动法》

第七十八条 解决劳动争议,应当根据合法、公正、及时处理的原则,依法维护劳动争议当事人的合法权益。

2.《中华人民共和国民法典》

第一千一百六十六条 行为人造成他人民事权益损害,不论行为人有无过错,法律规定应当承担侵权责任的,依照其规定。

第7节　集体合同争议的处理

集体合同是指用人单位与职工根据相关法律法规，就劳动报酬、工作时间、休息休假、劳动安全卫生、职业培训、保险福利等事项，通过集体协商达成的书面协议。

集体合同具有以下几个特征：

1.具有一般合同的共同特征，即双方主体基本平等、自愿协商而订立、规范双方权利与义务；

2.是特定当事人之间订立的协议。一方当事人是代表职工的工会组织或职工代表，另一方当事人是用人单位；

3.劳动标准是核心内容，对个人劳动合同起到制约作用；

4.采取要式合同形式，需要报送劳动行政部门登记、审查、备案，才具有法律效力；

5.就法律效力来说，集体合同效力大于劳动合同，劳动合同规定的职工个人劳动条件和劳动报酬标准不得低于集体合同的规定；

6.集体合同制度是一种劳动法律制度，运作非常灵活，经过法定程序订立的集体合同，对于企业和员工都有约束力。

一般来说，集体合同期限为一年到三年，期满或双方约定的终止条件出现，即终止。根据《劳动合同法》规定，集体合同应当包括以下内容：劳动报酬；工作时间；休息休假；保险福利；劳动安全与卫生；合同期限；变更、解除、终止集体合同的协商程序；双方应履行的集体合同的权利和义务；履行集体合同发生争议时的协商处理办法；违反集体合同的责任；法律法规规定的其他内容。

与个人劳动合同一样，集体合同当事人往往也会对合同的内容、履行情况和不履行的后果产生一些争议。

2023年2月，某乡镇企业与该公司工会协商签订集体合同，马铭是该公司工会的主席，和另两名工会推选的协商代表一起，代表全体职工与公司代表协商集体合同条款，双方达成一致意见后，签订集体合同。经过公示等一系列程序后，该集体合同开始在公司起效。

一个月后，该公司新招聘的员工李佳因工资报酬问题对集体合同提出质疑。李佳与公司签订了3年劳动合同，约定每月工资为1500元，允许额外兼职。不久，李佳要求公司变更自己的劳动合同，将每月工资变更为1800元。因为当地最新公布的最低工资标准为1800元，其每月工资低于最低工资标准。

公司拒绝其要求，表示集体合同中有规定：允许额外兼职的员工工资不得超过1500元，而根据法律规定，集体合同的法律效力是大于个人劳动合同的，因此公司付给李佳的工资符合集体合同的规定。

双方协商未果，李佳向当地劳动争议仲裁委员会申请仲裁。经仲裁委员会审理，发现该公司的集体合同并未向当地劳动保障行政部门上报，且集体合同中关于工资的约定侵犯了劳动者的合法权益，因此这份集体合同是无效的。即便此集体合同是有效的，约定劳动报酬低于最低工资标准的条款也是违法的。因此，仲裁委员会判定该公司补发李佳工资，并变更劳动合同的相关条款。

而对于集体合同的争议，主要有以下几种解决办法，如图9-3所示。

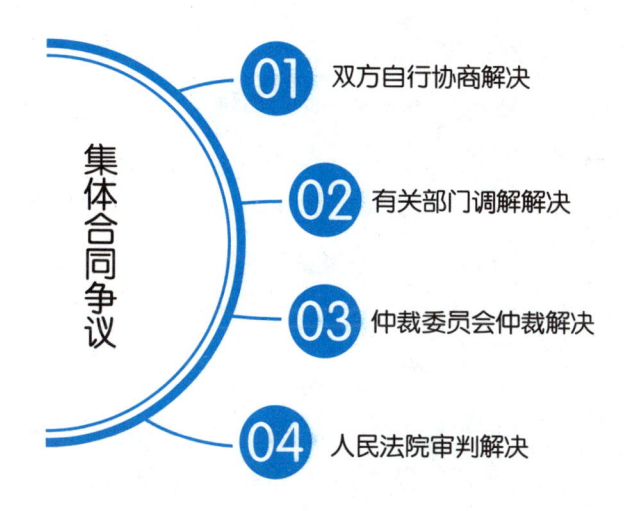

集体合同争议
- 01 双方自行协商解决
- 02 有关部门调解解决
- 03 仲裁委员会仲裁解决
- 04 人民法院审判解决

图9-3 集体合同争议的四种主要解决办法

1.企业与工会在自愿的基础上，按照法律、法规规定协商解决双方争议。

协商解决集体合同争议时，需要遵守两个原则：一是协议内容不得违反国家法律、法规，不得损害第三方的利益；二是双方当事人的法律地位是平等的，双方必须在平等的前提下协商解决争议，不得对对方施加压力，更不能以某种手段要挟。

2.在当地劳动行政部门以及有关部门的调解下，协商解决争议。

双方当事人协商解决不成的情况下，可以由当地劳动行政部门组织有关部门进行协调，听取双方意见，明确当事人的过错、责任，然后促使双方在自愿的基础上达成协议。协议达成后，双方当事人和协调部门在协议书上签字盖章。

3.协商解决不成的，可以向当地劳动争议仲裁委员会申请仲裁，通过仲裁解决争议。

集体合同争议的仲裁，是具有法律效力的行政措施，仲裁委员会一般会对不遵守集体合同的过错方采取强制措施，追究其违约责任，以保证集体合同的履行、保护另一方当事人的合法权益。

4.对仲裁不服的，可以向人民法院起诉，通过审判解决争议。

一般来说，我国的集体合同争议案例，是通过行政手段解决的。而通过司法手段解决的方式，更有利于集体合同制度的推行，有利于解决行政手段不能解决的部分争议。

因此，企业要依法制订、签订并履行集体合同，避免侵犯职工的合法权益。与职工发生集体合同争议时，企业应当及时通过协商、仲裁等方式解决纠纷，规避不必要的法律风险。

法条链接

《中华人民共和国劳动法》

第三十四条　集体合同签订后应当报送劳动行政部门；劳动行政部门自收到集体合同文本之日起十五日内未提出异议的，集体合同即行生效。

第三十五条　依法签订的集体合同对企业和企业全体职工具有约束力。职工个人与企业订立的劳动合同中劳动条件和劳动报酬等标准不得低于集体合同的规定。

第八十四条　因签订集体合同发生争议，当事人协商解决不成的，当地人民政府劳动行政部门可以组织有关各方协调处理。

因履行集体合同发生争议，当事人协商解决不成的，可以向劳动争议仲裁委员会申请仲裁；对仲裁裁决不服的，可以自收到仲裁裁决书之日起十五日内向人民法院提起诉讼。